〈ありがとう、たすかるなあ〉

はじめまして、こんにちは。この本を手に取ってくださってありがとうございます。数年前から鎌倉に住み、日々感じることを大事にしていきたいなあと思っています。鎌倉では、暮らしはじめた時から折りにふれて、「これは助かるなあ」と感じることがいくつかあります。元気な個人商店が多いこと、魚や野菜やソーセージやパンがおいしいこともちろんですが、気持の上で大きいのは、海があること、川があること、山があること。それから、神社やお寺が、たくさんあることです。

ある時、友だちに誘われて「鎌倉《かまくら》風《ふう》致《ち》保《ほ》存《ぞん》会《かい》」が主催する草刈りに参加しました。「鎌倉風致保存会」は高度成長期の土地乱開発から、自然や史跡を守ってきた日本のトラスト運動草分けの会。行ってみると、草ボウボウのその野原は、鶴岡八幡宮の西北にある「御谷《おやつ》」と呼ばれる土地で、明治に入るまで「鶴岡二十五坊」という、おおぜいの僧侶の住む建物があったという場所でした。

（神社にお坊さん？？……へえー?!）と、その時、頭の中のスイッチが、カチッと音をたてて入りました。そうだったのか。
「鶴岡八幡宮」は、明治になって「神仏分離令」が出されるまでは、最初からずっと神さまも仏さまも祀られた「鶴岡八幡宮寺《つるがおかはちまんぐうじ》」だったという事実。それまで知らなかったので、まずビックリ。でも同時に、なんだかとてもナットクしました。（そうか、いいんだ！　昔の人も、神社とお寺、両方に手を合わせてきたのだ）と。……いや、そもそも神社やお寺のどちらかに人間が合わせるのじゃなくて、人間が必要な時に、神さまにも、仏さまにもお祈りすればいいのだという、あくまで人間中心の発想。そうこなくっちゃと思ったのです。超現実主義的、ポジティブ視点。

　神社とお寺は、いつでも行くと、私が私であることを「正解」にしてくれます。そこでは基本的な礼儀は必要であっても、何かを考えちゃダメ、思っちゃダメ、感じてはダメ、なんて一度も言われません。ありのままの自分で大丈夫。大人になっていくうちに、自分の中にいつの間にかたくさんの檻を作ってしまって、窮屈な思いをしていることがあるけれど、神社やお寺に行くと、その檻が少しずつ外されていくようです。心の奥をトントンとノックされて……パカッと開いた中からは、忘れていた記憶や、今まで意識したことのない感情が表れたり、今まで出会ったたくさんの人の顔が思い浮かんできます。

だからもっと、自分の感覚を信じてみます。歩く。見る。聞く。ふれる。味わう。嗅ぐ。浴びる。考える。日々の暮らしの合間に時間を見つけて、神社やお寺を歩けば歩くほど、楽しくなります。そして感じたことを記録していく中から、ここにご紹介することになりました。鎌倉といえば……とまず行くような代表的な場所が多いので、詳しくご存知の方も多いかと思いますが、鎌倉だけでなく、さまざまな神社やお寺を楽しむ、新しいヒントやきっかけになったら、とてもとてもうれしいです！

パカッと開くの図

この本に登場する神社とお寺マップ

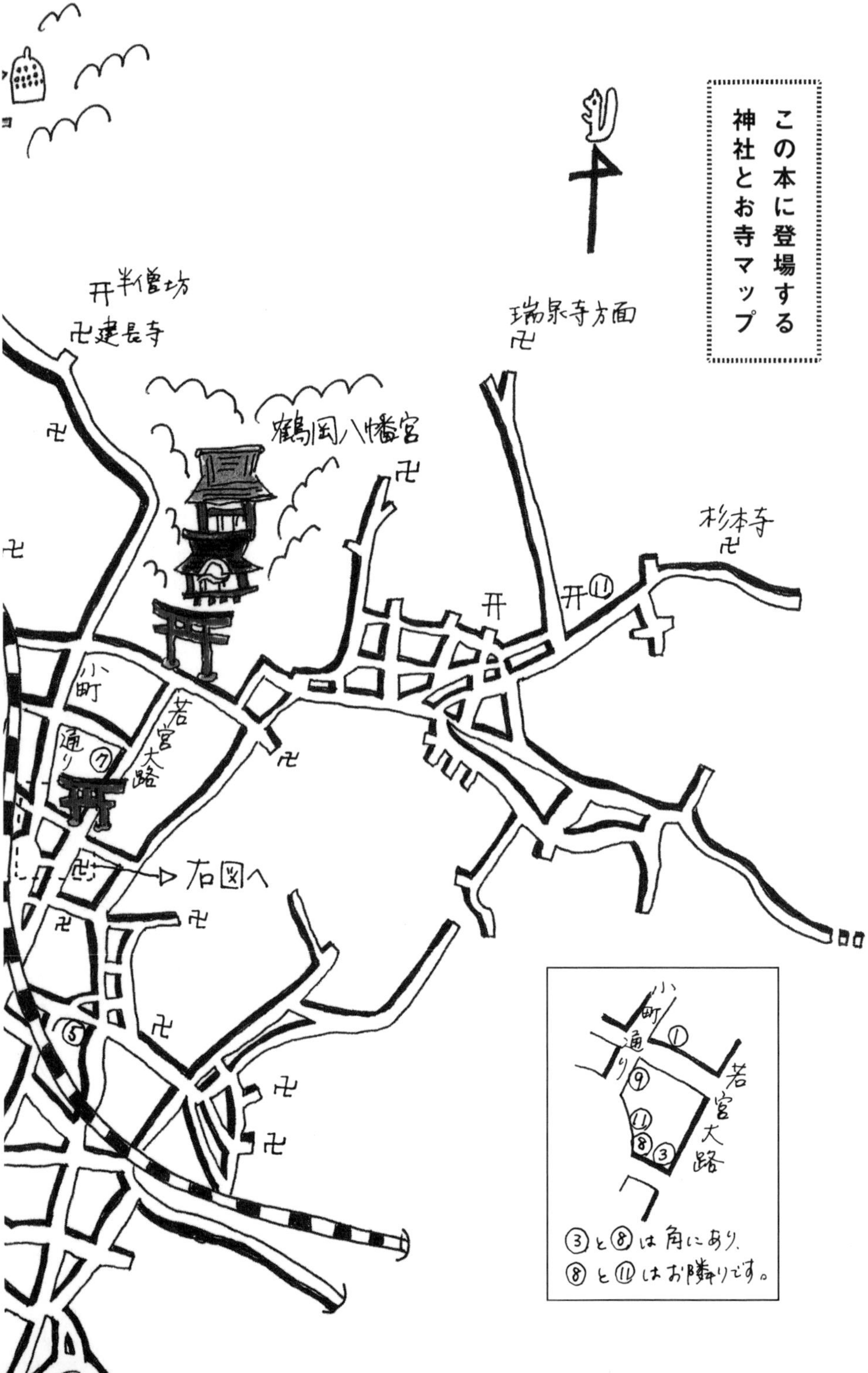

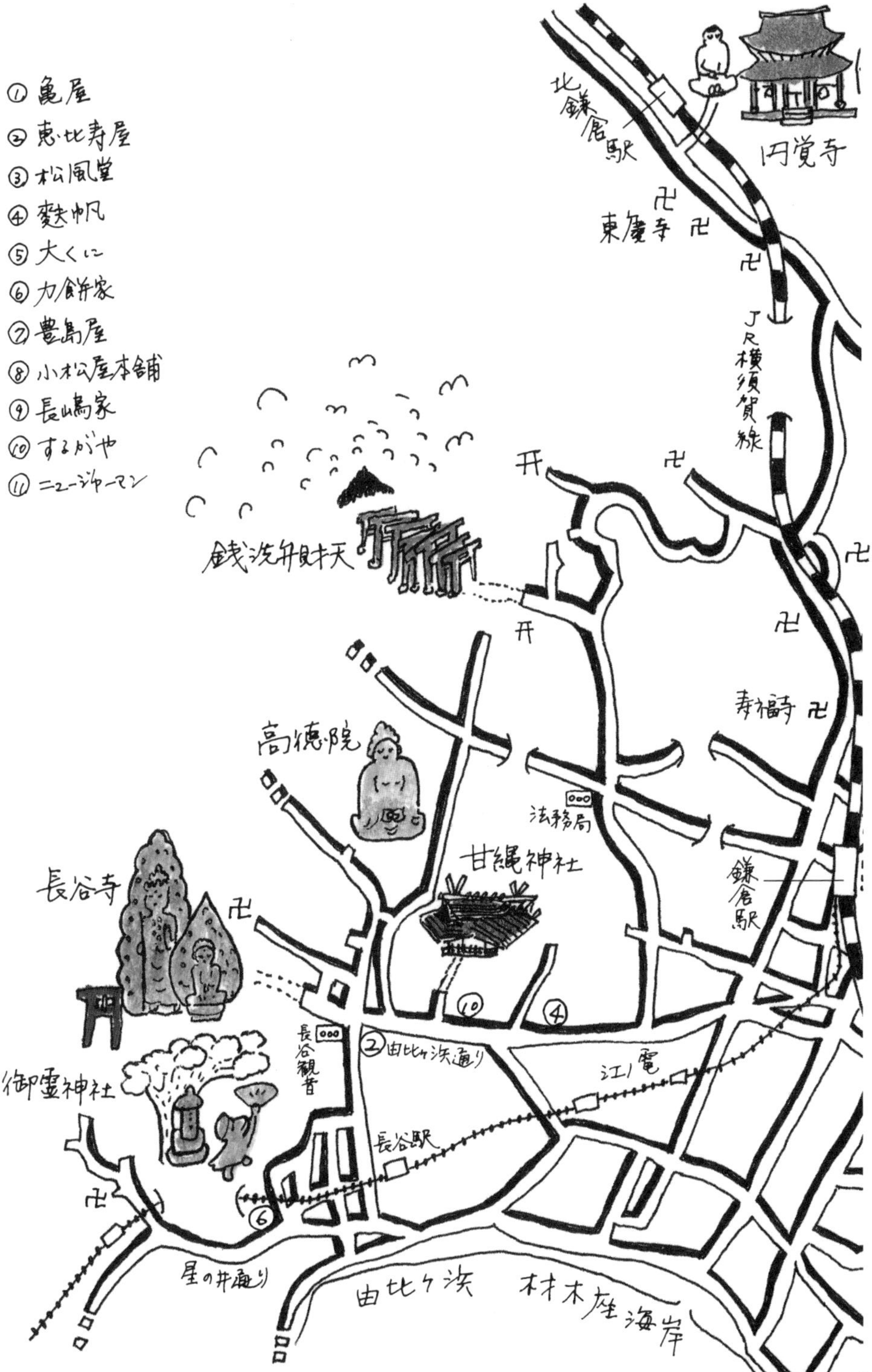
① 亀屋
② 恵比寿屋
③ 松風堂
④ 麩帆
⑤ 大くに
⑥ 力餅家
⑦ 豊島屋
⑧ 小松屋本舗
⑨ 長嶋家
⑩ するがや
⑪ ニュージャーマン
北鎌倉駅
円覚寺
東慶寺
JR横須賀線
銭洗弁財天
寿福寺
高徳院
法務局
甘縄神社
鎌倉駅
長谷寺
長谷観音
10
4
2 由比ヶ浜通り
江ノ電
御霊神社
長谷駅
6
星の井通り
由比ヶ浜
材木座海岸

《神社とお寺歩きは、こうたのしもう》

◎神社とお寺をたのしむための十ヶ条

一、行きたい時が、行くべき時

一、時間は長めに、あわてず、あせらず

一、歩きやすい服・くつ・カバンを選ぶ

一、予定は立てても、予定にしばられない

一、資料を読んでも、資料にしばられない

一、王道を行くもよし、穴場を行くもよし

一、小さな感動を、だいじにすべし

一、小さな発見を、だいじにすべし

一、おいしいものは、おいしくいただく

一、ゴミも思い出も、みんな持ちかえり

【この本のたのしみ方】

この本には、七つの神社とお寺が登場します。

各章の『おすすめルート&ガイド』は、読み物としてたのしんでいただきながら、そのまま鎌倉巡りのおトモに、応用型として全国の寺社巡りのご参考にどうぞご活用ください。

神社やお寺を歩くと『こんなところがたのしい』という切り口を、いろいろなエピソードをまじえながらつづったものが『○○はたのしい』のページです。気軽に読んでいくうちいつの間にか知識も身につき神社やお寺のオモシロがりポイントが増加します。

その他、鎌倉の本屋さんで店番をしながら見えてくる風景や人々の様子、お祭りや坐禅といった、神社やお寺をさまざまな角度からたのしむ体験をご紹介。オモシロがりセンサーの発達を、さらに促す効果が期待できます?!

では、本編をおたのしみください。

第一章

鶴岡八幡宮へ まずはご挨拶

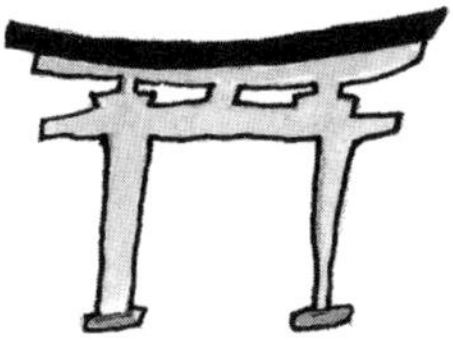

◎正式名称　鶴岡八幡宮
　　　　　（つるがおかはちまんぐう）
◎創　　建　1180年（治承4年）
◎創 建 者　源頼朝公
◎祭　　神　応神天皇・比売神・神功皇后
◎例 大 祭　9月15日
　　　　　（例大祭期間　9月14日～16日）

◎境 内 社　若宮、武内社、丸山稲荷社、白旗神社、祖霊社、旗上弁財天社、今宮、由比若宮（鎌倉市材木座）
◎参拝時間　6:00-20:30
◎アクセス　鎌倉駅東口より徒歩10分
＊鎌倉七福神の弁財天（旗上弁財天社）

Let's go to Tsurugaoka Hachiman-gu!

鎌倉駅～鶴岡八幡宮の、おすすめルート&ガイド

1

まず若宮大路に出て、二ノ鳥居から中央に走る桜並木の歩道（段葛《だんかずら》【＊1】）をまっすぐ八幡宮へ向かいます。二ノ鳥居は鳥居も巨大だけれど、狛犬も巨犬。体は大きいのに、内側にちょっと小首をかしげた表情がかわいい猫系です。昭和三十六年に小野田セメントより奉納された山脇正邦作。作者や正確な製作年がわかる珍しい狛犬です。若宮大路は表参道で、その中央の段葛は、源頼朝が自ら陣頭指揮をとって、妻政子の安産と男子誕生を願って築いた道【＊2】。本当に元気な男の子（のちの頼家）が誕生したハッピーロードです。明治時代になるまでは、もっと海に近い一ノ鳥居までつづいていました。一段高くなっているのは、この辺りが湿地帯だったためとも言われています。この段葛、境内に向かってどんどん幅が細くなっていることを確認しながら歩いてみてください。遠近法で、道がより長く、境内はより大きく感じられるように設計されているそうです。桜並木になったのは、大正時代。それまでは若宮大路全体が松並木になっていました。

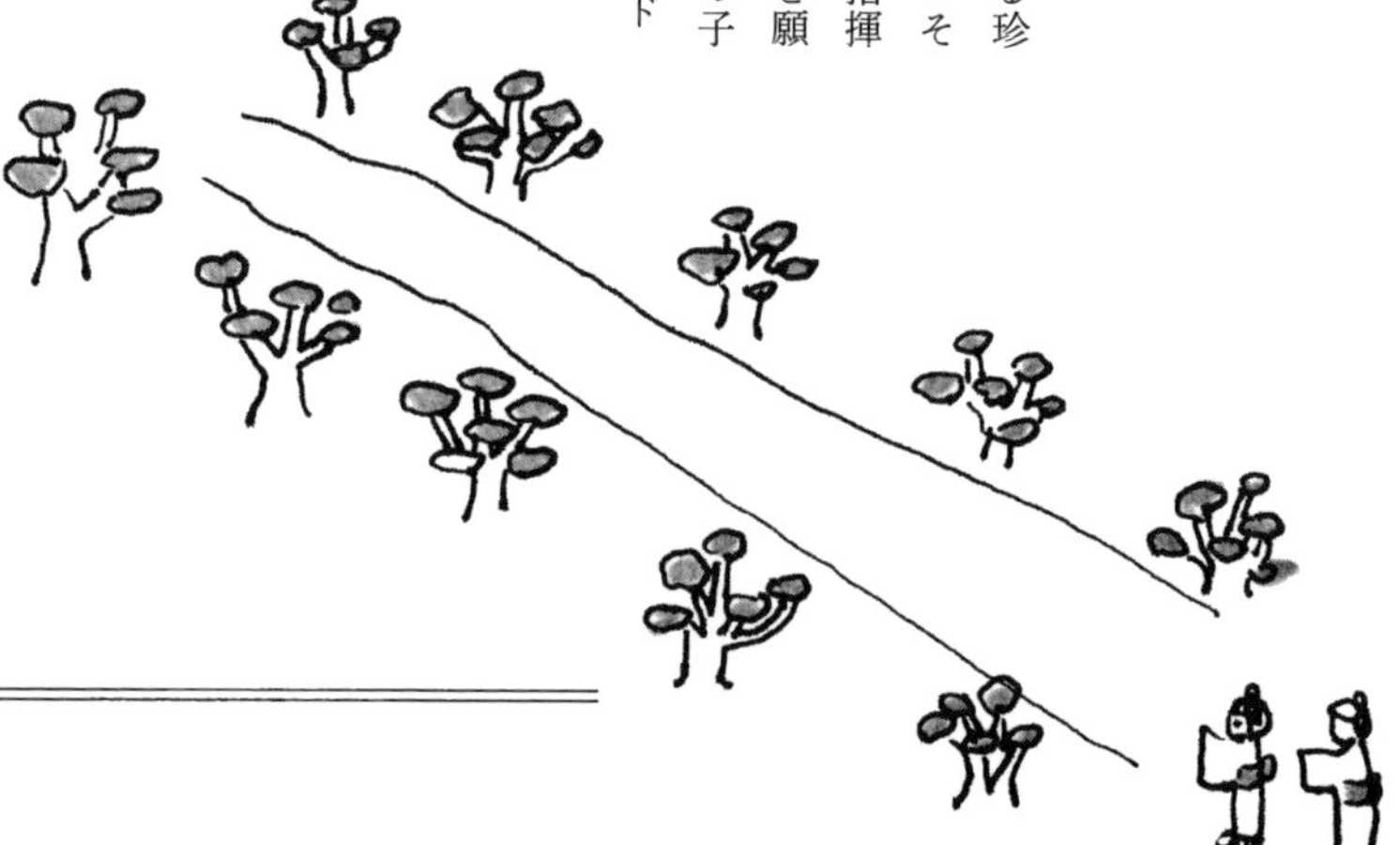

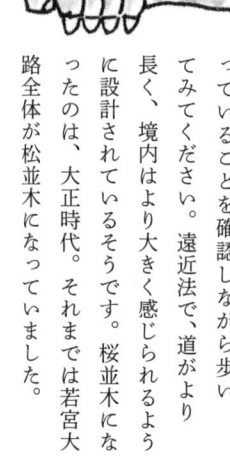

2

段葛の突き当たり、横断歩道を渡ると境内の入り口、三ノ鳥居です。横からも境内に入れるけれど、鳥居は神聖な場所と不浄の地の境目に置かれた結界だから、せっかくなのでちゃんとくぐって境内へ。入ってすぐ、今は通行できない太鼓橋の向こう側に生えている古い巨木があります。ビャクシンです。これは建長寺や円覚寺にも植わっている「お寺」の木。鶴岡八幡宮は、明治時代に「神仏分離令」が出されるまで「鶴岡八幡宮寺」という名前で、お寺もいっしょに建っていたスーパー・パワースポットなのです。

　山側に向かって左右に池が配されています。右側の池が源氏池。左側が平家池。頼朝の妻政子によるデザインで、まだ源平合戦のさなかに造られたもの。源氏には「産」をと「三」つの島が浮かび、そのうちの一つに旗上弁財天が祀られています（政子と頼朝が仲良く寄り添う姿に似ているという石「政子石」がどこかにあるので、見つけてください）。池に植えられた蓮の花は、源氏の旗色である「白」。一方、平家池には恐ろしくも「死」を意味する「四」つの小島があり、蓮の花の色は「紅」（ちなみに紅白歌合戦のように、対抗する二チームが「紅」と「白」に分かれるのは、源平合戦の旗色から来ています）。蓮も今では混ざってしまってどちらの池にも紅と白が見られる平和な世の中、鯉や亀、鴨、鳩、鷺、などさまざまな生き物の姿があって和みます。

【＊1】
石積みで縁取りした一段高い道。置石ともいう。もとは一ノ鳥居からつづいていた。

【＊2】
鎌倉の街づくりは、京の都平安京をお手本にしている。鶴岡八幡宮を基点として、若宮大路を、朱雀大路のように南に向かってまっすぐ敷いた。
◎武士の都として、鎌倉の鶴岡八幡宮の建立はとても計画的で、戦略的なものだった。打倒平家の挙兵からわずか2ヶ月後の1180年10月。危うい戦況をくぐり抜け、関東武士を引き連れて鎌倉入りした源頼朝は、すぐに先祖の源頼義（→P.81）が祀っていた由比若宮（現・元八幡）に参拝。この八幡神を移して、大規模な鶴岡八幡宮を造りはじめた。

3

　そのまままっすぐ参道を進んでいくと、左手に手水舎《ちょうずや》があります。ここで右手・左手・口（手に移した水からどうぞ）をすすいで、浄めます。参道に戻って進むと中央に舞殿。ここは、さまざまな神事や結婚式などが行われる下拝殿、四方から見学できるステージです。舞殿の向こう側に行くと、石段の下にまた狛犬がいます。二ノ鳥居の巨大猫系とちがって、江戸時代製作とされる中型和犬系で、「あ」と「うん」の「うん」の方の狛犬（階段に向かって左側）の口は「いーん」になっているのをご確認ください。

　では、階段をのぼります。左手には、樹齢千年とも言われ、頼朝が鶴岡八幡宮寺を建てた時から生えていたという銀杏の巨木が……ありました。残念ながら過去形です。三代将軍（頼朝の次男）実朝を狙った甥の公暁が、その後ろに隠れていて実朝を切ったとされる、伝説の大銀杏は、二〇一〇年三月に根元の一部を残して倒伏【＊3】。ショッキングな出来事でしたが、ここに残っている根からは、たくさんの芽が出て育っています。左奥には、幹からも根を再生させる試みがつづいています。十年後、百年後、またその先にいつかまた立派な姿となりますように。どうか心の中で合掌を。

　石段は、登ってみるとけっこう息が切れる段数です。意地を張ってペースを落とさず、鼻息も抑えて登りきったら振り返りましょう。「おお！」この努力が報われるような見晴らしです。天気がよければ海に向かって並んだ二ノ鳥居、一ノ鳥居はもちろん、由比ケ浜の海や、運がよければ伊豆大島まで見ることができるそうです。頼朝も必ずこの視界を味わっていたはず。武家政権を初めて打ち立てた

【＊3】
2010年3月10日、前夜からの湿った雪が重みをかけ、強風がつづいていた。午前4時40分頃、大銀杏は大きな音とともに、狛犬を避けるように、早朝参拝者のいない境内に倒れた。

【＊4】
八幡宮のおおもとの神社、総本宮は、大分の宇佐八幡宮。京都の石清水八幡宮はその分霊を祀っている。鶴岡八幡宮は石清水よりさらに分霊。

感慨……ああ、よくがんばった……しかし、許せ義経……と、ひととき頼朝気分（妄想）をどうぞ。

4

ちょっと背を向けてしまっていた本宮の拝殿へ。この時くぐる門上の額「八幡宮【＊4】」の文字にご注目。八の字が鳩のカタチにデザインされています。鳩は八幡宮の神さまの使い。鎌倉名物・鳩サブレーはここから創案されたのです。そして、いよいよ拝殿に向かってお祈り。お賽銭、二拝二拍手一拝が本式（↓P.126）ですが、完璧な作法が様になるには年期がいります。若輩者は軽く一礼してパンパンッと丁寧に手を合わせ、また軽く一礼でも失礼はないと思います。

そのまま奥の宝物殿に入って（有料）お宝を見てもよいのですが、注目は、拝殿左手に並んだおみこしです。七機のうち手前の三機が八幡さまの乗り物で、毎年九月十五日、例大祭の中日に神さまが移されて担ぎ出され、階段を下ろされて若宮大路を往復します。江戸時代に作られたおみこしが、現役で毎年活躍中です。「おみこし三機」、というところが実はポイント。八幡さま＝「八幡神」というのは実は三人（三柱【＊5】）の神さまの集合体をさす【＊6】名前なのです。

さて、拝殿を出てまた見晴らしのよい場所に戻ってきます。勇気があったらおみくじを。鶴岡八幡宮は凶や大凶も出てきます。厳しい言葉もありがたく受けとめられるか、逆に気軽に楽しめる時は、ぜひ！　お守りには、鶴岡八幡宮オリジナルの「キティ守」【＊7】もあるので話の種に、チェックしてみてください。

ここからさらに山側左手奥の階段上には、小さな赤い鳥居が連続する丸山稲荷社があります。八幡宮が建てられる前からあった古い神社。さっきの旗上弁財天も含めてこの境内には

【＊5】
神さまは「柱」で数を表す。一人とは言わず一柱。

【＊6】
主神の応神天皇（八幡大神）・その母、神功皇后・比売神（ひめがみ）。比売神は、応神天皇の娘であるとか、卑弥呼であるなどさまざまな説がある。

【＊7】
P.131参照

全部で七つの神社があるので、時間があったら巡ってみるのも一興です。

5

上境内から下りるのに、山を背にして左側の階段で行けば、もみじなどの木に囲まれた柳原神池《やないはらしんち》の横に下りてきます。毎年六月には蛍が放され、星が舞うような幻想的な光に包まれます。ここから白旗神社の細い参道を行くと、左手に国宝館（有料）。鎌倉を中心としたたくさんの寺社所蔵のお宝が、期間ごとにいろいろなテーマのもと展示されるので、ここもテーマを要チェック。

上境内から下るもう一つのルートは、上りと同じように中央の大石段を戻っていく方法です（初詣の季節など、混雑している時は一方通行です）。来た道と同じでも、見晴らしは最高。足下を見忘れて転がり落ちることだけは気をつけて。なるべくあごを上げ、広がる鎌倉の街を見ながら大階段を下りていけば、気分はもう宝塚。いや紅白の大トリです。頭に浮かぶメロディーはなぜか昭和の演歌調ですが、舞殿のあたりにいらっしゃる見知らぬ方々をギャラリーに見立て、「お待たせ～」というスター気分をほんの数十秒ですが味わえます。

6

階段上の本宮は、もともと最初に鶴岡八幡宮が建てられた一一八〇年にはなく、丸山稲荷社が中央にあったそうです。一一九一年に大火事が出て鶴岡八幡宮はなんと全焼。ここで打ちひしがれることなく、頼朝はすぐに再建にとりかかり、火事による延焼を避けるためにも（丸山稲荷社は、左へ移動させてもらい）新しく階段上に本宮を建てたそうです。

参道には頼朝の祈りが込められ、池には政子の闘魂が注入され、石階段の上には関東武士の不屈の精神が流れている鶴

岡八幡宮。時間のある限りブラブラ歩き、休憩所で鶴岡八幡マークの紙カップを鑑賞するなど、いつもよりもゆっくりと時間を味わってほしいです。季節折々の木の表情、陰影をぼんやり眺めているだけで、心の中まで自然にチューニングされていきます。

7

エネルギーをたくわえたら、帰りは小町通りへ行ってみますか？　若宮大路から境内を背にして右へ一本入ると、食べもの屋さんの多く並ぶ賑やかな細い道「小町通り」があります。天気のよい休日には、駅に向かうほど人が増えて、夕方のデパ地下か、人気の大学学園祭の人で埋まった通路か、というくらい。上に運動会の紅白大玉を乗せたら、きっとキレイに転がっていくだろうな～というイケナイ衝動にかられます。お詣りを終えていい具合に空いてきた小腹。パティスリー雪乃下のケーキがいいか、イタリアン・ジェラートか、おざわの卵焼きか、亀屋のお団子か、はたまたイワタのホットケーキ……いろいろあるので、たっぷり迷って楽しんでください。鶴岡八幡宮と駅を結ぶ若宮大路も小町通りも、勾配だらけの鎌倉では珍しいほど平坦でまっすぐな歩きやすい道。「ホラホラあそこよ！」と元気なおばちゃんが振り回す腕のパンチにだけ気をつければ、キョロキョロふらふら歩いても、必ず駅に到着します。

TIME TRAVEL

タイムトラベルは、たのしい

～マトリョーシカを、のぞいてみる！

大人になってよいことの一つは、「人」や「モノ」の中に、いくつもの時間の重なりが見えるようになったこと。幼なじみの友だちは今、立派なお母さんや、仕事人だったりするけれど、会って話をしていると目の前の彼女たちの中に、結婚式の晴れ姿もあれば、颯爽と海外旅行に飛び回っていた姿も、部活の夏合宿でスイカを食べていた顔や、走り回って鬼ごっこしていた少女の姿も重なって見えてくる。白髪や足の痛みを嘆くようになった両親の中にも、会社帰りにクリスマスケーキを買ってきてくれた若いパパの姿や、運動会や遠足に大好物のたくさん入ったお弁当を作ってくれた元気なママの面影を、今でも見つけることができます。

高校生の頃までは、祖母が会うたび「まあ大きくなって」と言うのがあまり好きではなく、どうしていつも昔のことを言うのだろう、幼い姿なんてずっと前に卒業したのに……と思っていました。後ろを向くのは弱いことだ、とも思っていました。子どもは、その瞬間、瞬間を生きている。でも今自分がすっかり大人になってみると、祖母はただ昔を振り返って懐かしんでいただけではない気がします。孫の成長

した姿と幼い頃の記憶を重ねることで、浮かんでくる感情があったのではないか、と。誰かの中に時間の重なりが見えるのは、自分の中にもその人とリンクした記憶やいっしょに過ごした経験が重なっているからに違いなく、それは相手が「人」でなくても、ずっと使った机や、家、通った学校、道など、「モノ」や「場所」でもたぶん同じ。記憶は古いものから順に、まるでロシア人形マトリョーシカや、ひとかたまりのバウムクーヘンみたいに何層にも重なっていくようです。

新しく知り合った人と、出会う前のことを話したり聞いたりすると一歩距離が近づく気がします。きっと、それまでつながっていなかった時間の層にふれることができるから。神社やお寺のように長い年月を経ている場所は、古い建物や老木をジッと見たり、歴史の知識をちょっと照らし合わせてみたり、いろいろ想像したり、自分からセンサーを出してマトリョーシカ（時間の層）をのぞいてみる。すると自分の中にも、長い時間軸があらわれる。え、この人に、この神社に、こんなコトが！　と、意外な過去が見つかってビックリしたり、ドッキリしたり……はるか昔の出来事と現在の距離が近づけば、ぐんと興味もわいてきます。今目の前に見えているものと、目の前にないものを重ねあわせて見ることができる、複眼の大人だからこその楽しみ。鎌倉の正面玄関、鶴岡八幡宮には、どんな層が見えるでしょうか。

CHARACTOR

頼朝と、祖父と、へそ曲がり

〜自分を信じて、歴史は生まれる？

どういうワケか、皆が右へ行くと言えば、左へ行きたくなってしまいます。高校の林間学校で立ち寄った牧場では、看板商品の「牛乳アイスバー」に人気が集まるのをヨコ目に、スミっこで地味な扱いを受けていた「チーズアイスバー」を発見して、オモシロそうだなと購入。味見する友だちも及び腰でしたが、はたしてお味は……え……ムムム（注＝その時はムムムでしたが、今は大変おいしいチーズアイスも世の中にたくさんあります）。このへそ曲がりな性分は、どうやら母方の祖父から受け継いだようで、祖父に比べれば私なんて、へのカッパ。巨人が今よりもっと強くて人気もズバ抜けていた頃、当然アンチ巨人だった祖父は、夜7時のニュースの終わり近くになるとパチッとTVをつけてプロ野球の結果をチェックします。試合内容には興味がなく、ただ巨人が負けていれば、ゴキゲンでした。大勢の人が同じ方を向くのがキライなようで、夏休みに打ち上げ花火を見に行くと、退屈だと言って一人背を向け、車の交通整理を始めます。ラジオ体操は、人と同じことをしていたんじゃダメだから「一回ひねるところを三回ひねるんです」と〃人間三倍速〃に挑戦。何日か続けた結果、さすがに腰を痛めてしまいました。

【＊1】1147－1199年。日本初の朝廷以外による政権「鎌倉幕府」を開いた。

【＊2】1159－1189年。頼朝の異母弟。平家打倒の立役者となるも奥州に追われ自害。

【＊3】1127－1192年。関東を牽制し続け、没後やっと頼朝は征夷大将軍となった。

【＊4】1159年の近臣を巻き込んだ法皇と天皇の政局争い。

このへそ曲がりDNAが、鎌倉で騒ぐことが一つあります。それは頼朝【＊1】の人気が全国的に低いこと。鎌倉を特集したレポート番組などを見ていると、いまだに「弟義経【＊2】に嫉妬した兄頼朝が」といった短いフレーズで断定され、姉と話していたら「だって頼朝はインケンだったんでしょ」の一言。鶴岡八幡宮に日々守っていただいている（つもり）の私としては、断固、頼朝さまの味方をしたくなります【☆】。

へそ曲がりは、良くも悪くもチャレンジャーです。栄養に満ちていた海からわざわざ陸に上がった生物も、森の木の上から危険な陸地に下りた猿も、へそ曲がりだったのでは……と（へそ曲がりに都合良く）考えてみると、鎌倉幕府もまた、京都の朝廷政治から離れようとした前代未聞の「へそ曲がり人」による快挙かもしれません。頼朝はそのリーダーだったので、世の中の不理解も反感も先頭で背負うことになってしまったのでは……。

意地を通しつづけなければ、へそ曲がりは、ただの反抗分子で終わってしまいます。鎌倉は、関東武士たちの夢の新都。彼らの気持ちを背負った頼朝は、京都の後白河法皇【＊3】に対して一貫してキッパリ線を引いていたけれど、法皇にチヤホヤ懐柔されていた義経を、許すことができなかった。十四歳で父と兄が「平治の乱」【＊4】で処刑された中、一人死罪を免れ、三十代半ばで関東武士を率いることになった頼朝。彼が信じることができたのは、苦しい時代を支えた少しの家臣と政子と、自分だけだったに違いありません。

☆頼朝の味方をするワケ

一、誤解されている！

「大変なコトはみんな義経や家来にやらせて感じワル〜」というのは誤解。初期の富士川の戦い後、京都に攻め上ろうとした頼朝を、家来たちが止めている。まず鎌倉の地固めですよッ頼朝さん！と。頼朝は関東武士の夢と野望を背負っていた。

二、義経にはない気骨があった！

奇襲攻撃がウマかった義経はチームワークはニガテ。周りの家来たちも困っていた。

◎また、後白河法皇はすぐ「位」を授けて武士を手なずけようとし、義経はその術中にハマッてしまった。しかし、頼朝は必ず一度受けて、すぐに返上している。法皇の「位撃ち」でフヌケにならなかった頼朝には、気骨があった。

思えば祖父も最後までチャレンジャーでした。しゃぶしゃぶ用に、ただの胡麻ダレじゃツマラナイからと、創案したピーナッツ胡麻ダレは最高でした。七十代で傾斜地にある土地を購入した時は、皆の心配をよそに自ら大きな石を抱えて階段づくり。おかげで高齢とは思えない立派な筋肉がつきました。意地っ張りで母たちに厳しかったけれど、生涯仕事をつづけ、家族のことを考えていました。まだ母が子どもだった頃、祖父は太平洋戦争で済州島まで出兵。明日は玉砕だと水杯を酌み交わしていた翌日に、終戦を迎えたそうです。その時祖父は三十代半ば。死の淵を見てなお、生き続けた人生は、頼朝に重なって見えてきます。

流されることなく、自分の感覚を信じること、それは責任を背負うことでもあるけれど、とても楽しいことだと祖父の姿は伝えていました。天国は退屈そうで、地獄の方がオモシロそうだから地獄がいい～などと生前言っていた祖父が、今もどこかで楽しくへそを曲げながら、こちらを見守ってくれていたらと思います。

☆頼朝の味方をするワケ（つづき）

三、モテ男だった！

一度会ったらその人のことは忘れない。大事な話は面と向かい、頼りになるのはお前だけだと話す。人の心をつかむ才をもっていた頼朝は、血筋が良いだけのインケン男ではないのである。

What's WAGASHI?

勉強は、たのしい①

〜和菓子って、ナニ？

十年くらい前までは、アンコに日本酒なんて、どこがおいしいのだろうと思っていたのに、月日の経つのはおそろしいもので、気がつくと今や、辛口のお酒にお饅頭は最高。羊羹やお煎餅もまた、合うのですね。マカロンもブラウニーも大好きだけれど、和菓子もいい。このシンプルな姿が実に日本的だなあ……なんて思っていたのですが、少し調べてみたところ、お饅頭も羊羹もお煎餅も、日本で生まれたものではなく、仏教の僧が中国から持って来て、日本でアレンジされたものだ【＊1】と知りました。和菓子の代表だと思っていたので、ちょっとビックリ。そもそも日本で「菓子」といえば、干し柿など果物や木の実のこと。あとは神さまにお供えするお餅を重ねたようなものしかなかったそうです。奈良時代に、まず遣唐使が「唐菓子」を伝え、鎌倉時代には禅宗といっしょにお饅頭などの「点心」【＊2】がもたらされ、室町時代に茶道とともに和菓子は進化しつつヨーロッパからカステラなど「南蛮菓子」が入ってきて……と、その都度、日本風にアレンジされていったものをまとめて「和菓子」と呼ぶのでした。円覚寺の「開山忌」で居並ぶ僧侶の後ろ姿を見て、ああ言ってはイケナイ、イケナ

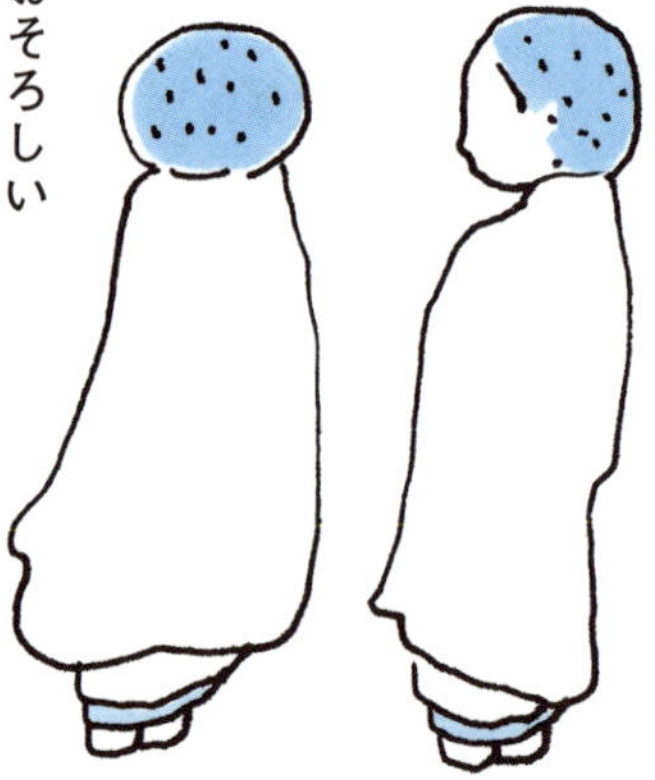

【＊1】
◎羊羹＝鎌倉時代に渡来。もとは、獣や魚の肉や肝臓を入れた熱い吸い物〈羹（あつもの）〉。その色や食感に似せて、小豆と砂糖などを練り合わせた「蒸し羊羹」が誕生した。安土桃山時代には、寒天を使った「練り羊羹」「水羊羹」に発展。◎煎餅＝平安時代に空海が中国から製法を伝えたという。甘い亀甲せんべいと塩せんべいの二種類があり、醤油が開発された江戸時代には、醤油煎餅が誕生して大人気に！

【＊2】

もとは禅の修行僧が、お腹が空いた時に食べるもの、間食のこと。現代では中華料理の軽食や、お茶うけの菓子を指す。

イと思いながらやめられないのは……「お坊さんの頭は、お饅頭に似ているッ」という一言です（言ってしまった）。丸くてシンプルなお饅頭。その歴史を調べてみると、発明したのは、三国志でも人気の、あの諸葛亮孔明【＊3】だという説がありました。南方に遠征した時に、民たちが川の氾濫を鎮めるため、川の神に〝人間の頭〟を捧げているのを見た孔明。「おお、ムゴいことを！　川の神には、人の頭に見えればよいのではないか?!」と孔明は思いつき、人の頭のカタチに似せた〝小麦粉の練り物に肉を包み込んだもの〟を川に投げ入れたところ、これがＯＫ。氾濫が鎮まったというのです。そうかコレでいいのか、これからはコレだ！ということになって、そのうち、川に投げ入れず祭壇に供えるようになり、お供えの後には人間が食べるようになり、だんだん食べやすく小さくなっていきました。つまり神さまにケチケチするほど、人間にはどんどん美味しいものになったという饅頭史。日本に入ってきた【＊4】後は、肉食を禁ずる日本の禅宗【＊5】に合わせて中身がアンコにアレンジされたけれど、饅頭＝もとは人間の頭。だから、いいんですね！頭と似ていると思っても。

和菓子には欠かせない「お茶」のルーツもまた、僧のお土産です。日本にお茶が広がったのは、鎌倉時代の僧栄西【＊6】が持ち帰った茶の苗木が、栽培に成功したため。はじめは禅の修行中の僧や戦場の兵士が、濃いお茶を眠気覚ましに服したそうです。

おいしいアレンジは、和の真骨頂。ルーツやプロフィールを少し知ると、お饅頭が、また食べたくなってきました……。

【＊3】
181－234年。中国の後漢末期から三国時代の蜀の興国に力を尽くした軍師・政治家。「学問は静から、才能は学から生まれる」など名言多し。

【＊4】
日本の饅頭史には二つのルートがあるらしい。しかも個人名がわかっているのはめずらしい。1241年に南宋から帰った僧、聖一国師が酒饅頭の製法を博多で伝えた。1349年には、中国から渡来した林浄因によって、ふくらし粉を使うタイプの饅頭が奈良にもたらされた。

【＊5】
日本の仏教では肉食が禁じられていたため、精進料理などが生まれた。

【＊6】
1141－1215年。禅宗の一派、臨済宗の日本の開祖。

鎌倉代表の、まんじゅう10

『太陽がいっぱい』でアラン・ドロンの恋人役の名前は、マルジュ。昔フランス好きの友だちと「おお、マルジュ〜」と呼び合って遊んでいた時、お互いの顔を見ているうちに、いつしか呼び名は「マンジュウ〜」に。会社に入れば、隣の口の悪い先輩からは「栗まんじゅう」と呼ばれるし、「饅頭」は他人とは思えません。種類はいろいろ！ 寺社巡りのおともに選ぶのもたのしいです。（お店の位置はP.6－7を参照）

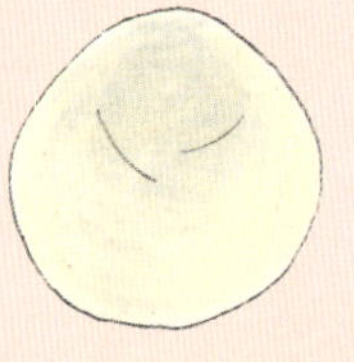

1
【亀屋】
薯蕷《じょうよ》まんじゅう
饅頭の王道は、ピュアこし餡に、もっちり皮。いいお仕事してます！

2
【恵比寿屋】
磯まんじゅう
包みの経木がいい香り。浜辺に置きたい。（トビ注意）

3
【松風堂】
女夫《めおと》まんじゅう
義経（白）と静（茶）と聞くと哀愁が…お腹の中で女夫に。

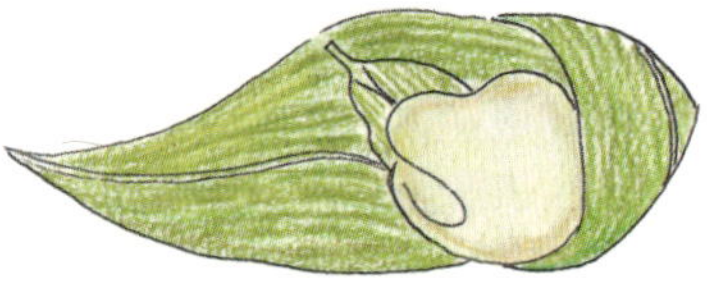

4
【麩帆】
麩まんじゅう
なんでしょう、この食感は…ホガ、フハ、モネ、ング

5
【大くに】
波乗りまんじゅう
正方形のパウンドケーキ生地にあんず餡・コーヒー餡。

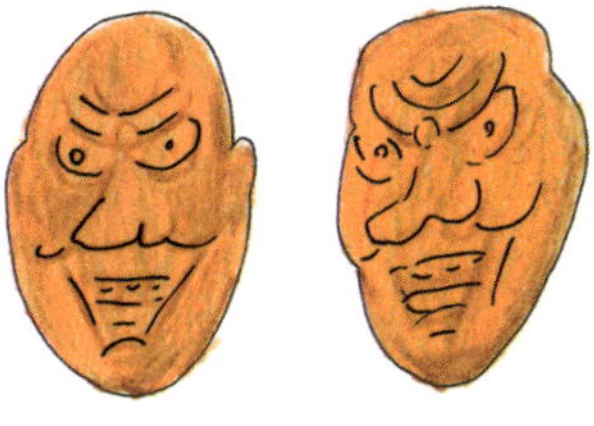

6
【力餅家】
福面
まんじゅう
御霊神社の
お面（P.114）に
そっくり。
食べることで
厄払い。

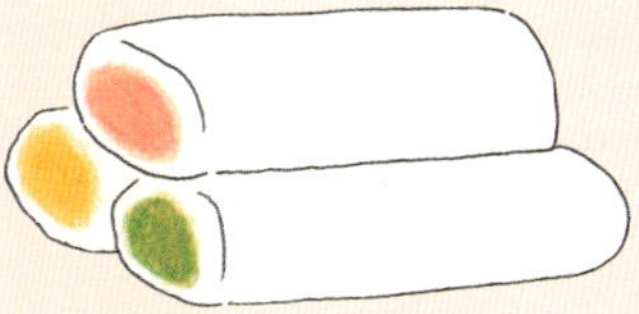

7
【豊島屋】
慶び
薯蕷
まんじゅう界の
細長ロール！
梅餡・柚子餡・
黄身餡

8
【小松屋本舗】
大仏
まんじゅう
スミマセン
いただきますッ、
せめて足元から…
フガッ

9
【長嶋家】
秋の
まんじゅう
栗饅頭、
あけび饅頭、
抹茶饅頭、
野うさぎ。
饅頭にも
季節感あります。

10
【するがや】
水まんじゅう
夏季の限定もの。
のどをひんやり
トゥルルン～

番外
【ニュージャーマン】
かまくら
カスター
スポンジ生地の
中にカスタード。
饅頭仲間に認定！

DRUMS

太鼓は、たのしい

〜神社の音は、カラダにもいい？

今は、ゲームセンターでも〝達人〟になれる太鼓【＊1】ですが、歴史は古く、日本では縄文時代から遠くの人との通信手段に使われていたそうです。神話の世界でも、天岩戸【＊2】にヒキこもってしまった天照大神《あまてらすおおみかみ》【＊3】を呼び出すために、太鼓は登場しています。戦乱の時代に、世界中の戦場で使われたのが、軍を動かす陣太鼓。「レッドクリフ」【＊4】では、トニー・レオン扮する周瑜（孫権軍【＊5】の軍師）が、やぐらの上で陣太鼓を指揮し、何千もの兵士の陣形を見事に統制してついには自分まで敵に躍りかかっていくシーンがありました。あれぞ「鼓舞」というものでしょうか。

現代に陣太鼓が聞こえてきたら大変ですが、鶴岡八幡宮の大太鼓の音は、時々風に乗って聞こえてきます。早朝五時頃と夕方。何か儀式が行われているのでしょうか、「ドーーン　ドーーン　ドーン　ドン　ドンドンドン……」ダイナミックに打ち鳴らされてから、だんだん間合いが狭く小さくなっていくところに繊細さを感じます。かつてはお寺の鐘と同じように、神社の太鼓も時を告げる役目があったとか。今間近で聞ける機会は、お祭の山車に乗って出てくる時か、お祓いの時に神主さん【＊6】の祈祷のヨコで叩かれる時。そばにいると、耳というよりお腹にビリビリと響

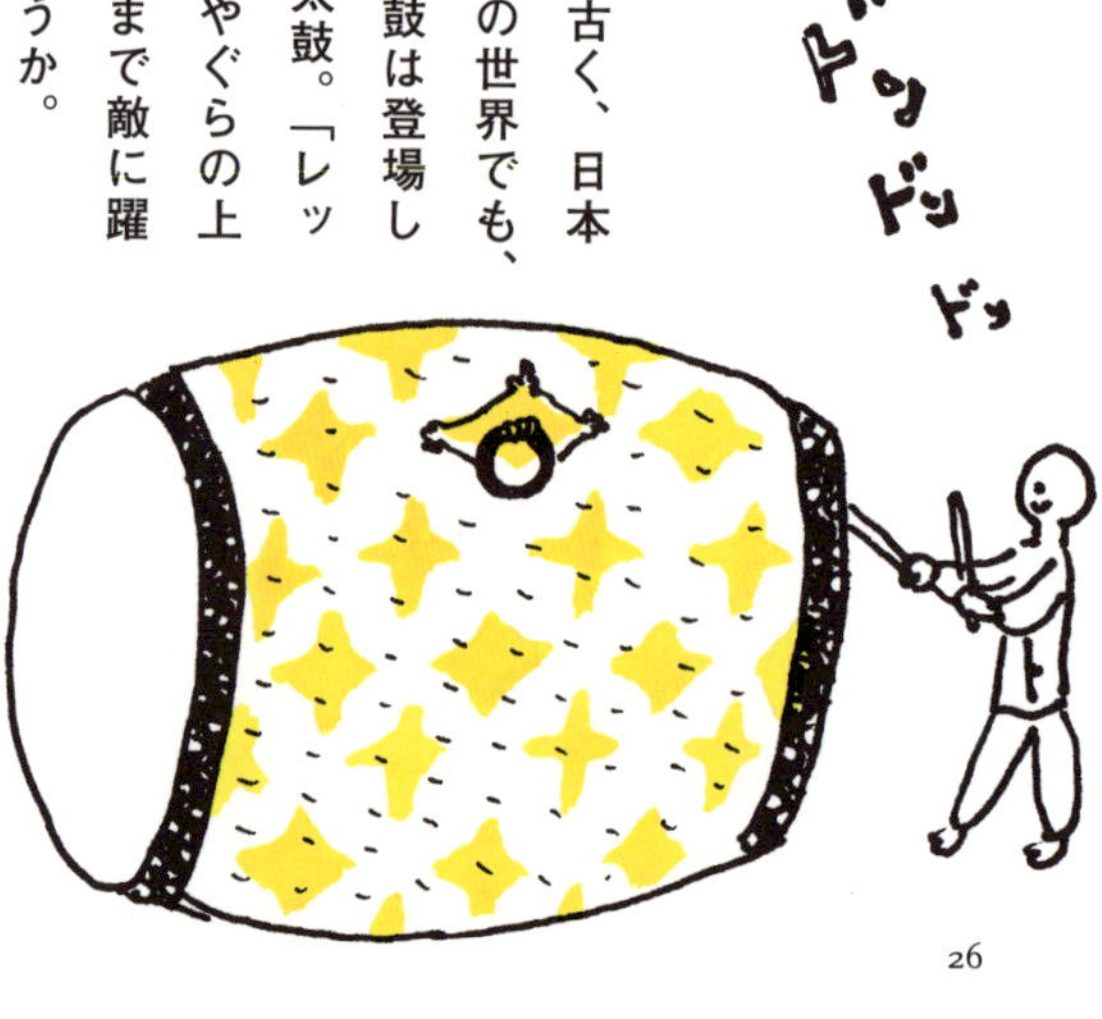

【＊1】
「太鼓の達人」（ゲーム）

【＊2】
日本神話に登場する岩の洞窟。

くようです。

その太鼓が複数の連打となると、さらにさらに大迫力。以前、アフリカの太鼓グループ「ドラマーズ・オブ・ブルンジ」【＊7】のライブに行った時、低く重い太鼓の群打とソロの掛け合いに、全身圧倒されました。それはもう、地鳴りのよう。しかも床だけでなくホールの壁・天井をドドドドと響かせて、四方八方から音が降り注いできます。これでは仕事疲れのカラダがヘロヘロに……と思いきや、頭の中はシェイクシェイク、お腹の中からはホカホカしてくるようで、これもまた「鼓舞」の効用なのでしょうか、ライブが終わる頃にはなんだかとても元気になったのでした。

ブルンジのライブを体験すると、アフリカで太鼓の音は言葉であり、儀式や治療にも使われてきたという歴史を聞いてもナルホドと思います。「音」にはきっと、空気を震わせながら、その質まで変えてしまうような不思議なチカラがある。人の心だけでなく、カラダにも影響を与えるような。それは、お寺の除夜の鐘が、煩悩を祓うという考えにも通じることかもしれません。

神社やお寺は、スペシャルな「音」に満ちています。拝殿の鈴のシャリンシャリン、柏手《かしわで》を打つパンパンは神さまを呼ぶ音、境内の砂利を踏みしめる音、雅楽の不思議な音の重なり、木魚のポクポクに合わせた読経、チーンと鳴らされる小さな鉦《かね》etc. 目に見えない神さまや仏さまを、カラダに感じさせる音の数々。そしてその後ろにある静寂こそが、音を響かせているものだと、いつも後から気づきます。

【＊3】
イザナギの右目から生まれた太陽の神。

【＊4】
中国古典小説『三国志演義』前半のクライマックス「赤壁の戦い」を描いた映画二部作。アクションと爆破シーンは、さすがジョン・ウー監督とうなる絵。

【＊5】
孫権＝三国時代に「呉」となる国のリーダー。

【＊6】
もとは神職の長の意味。今は神職と同じ意味で使う。神職＝神さまのために奉仕し、祭事の儀式や神社の仕事を行う人のこと。

【＊7】
ブルンジ共和国の国旗と同じ赤緑白の衣装をまとった二十数人の鮮やかな連打は、名ライブとして語り継がれている。内戦により来日が途絶えたのは残念でならないが、今再び和平が進みつつある。

CAUTION!

おみくじは、たのしい
〜おみくじは、プラス思考で。

小心者なので、占いを聞く度胸がありません。朝のテレビで、星座による「今日の運勢」や「血液型選手権」などがはじまると、何気なくリモコンで局を変えます。でも小さな頃から神社やお寺の「おみくじ」は楽しみでした。毎年家族で初詣に行くと必ずひいて、よい内容の時は持って帰って大切にし、悪かった時には神社の木に結んでいました。悪いといっても小吉・末吉。あのお詣りしていた神社では、誰も「凶」をひかなかったのです。今思えば厳しいおみくじは出ない神社だったのかもしれません。だから私でも安心して引いていたのですが……。

　ずっと前のことですが、初めてカレと初詣をすることになった時、境内を歩く道すがら、一年前にそのカレがあるお寺で「凶」を引いたという話を聞きました。真ん中にバッテンのある恐しい文字……そのおみくじを引いたとたんに「あいたたたたた」と実際に頭が痛くなったというのです。マンガ的な展開はオモシロかったけれど、心の半分は心配でいっぱい（今日も凶が出たらどうしよう）。当時ワレワレは、なぜか初詣とおみくじはセットのように思っていました。……そして、やっぱり引きました。あっ、これなら大丈夫。ここ明治神宮のおみくじはすべて雅な歌で表さ

れ、「吉凶」の分類はありませんでした。よかった！

以来、おみくじに対してちょっと身構えるようになった私は、だんだん引かなくなっていきました。もしデートを兼ねたお詣りで、「凶」や「大凶」が出る危険性のある寺社でおみくじを引くのなら、前もってそれなりの覚悟がいるかもしれません。鶴岡八幡宮も、そうです出ます。けっこう出ると思います。数年前三人でお詣りをして、私以外の二人がおみくじを引き、なんと一人が「凶」、一人が「大凶」ということもありました。彼らはもう一度引き直して、吉より上が出たので一安心。でもかつて二回連続「凶」が出た、というケースも目撃しました。鶴岡八幡宮のおみくじは、きびしい！　ただ優しい言葉をかけるだけの神さまではないようです。

もし今後私が鶴岡八幡宮でおみくじを引いて「凶」や「大凶」が出た場合の対応をシュミレーションしておくと、これを神さまからの真剣なメッセージと考え、苦い言葉をありがたく思ってみる。そうすればきっとご利益もひとしおなのではないでしょうか。でも、そう思えるかなあ……では、遊び気分のおみくじなんだから、ただラッキーくじじゃなかったダケと気軽に受けとめてみる。そしてもう一度引き直す。万一連続して「凶」「大凶」なら、絵馬【＊1】をかけて吉運を呼び込んでみる。破魔矢【＊2】を買う。また、他の機会にもしょっちゅうおみくじを引いて、全体で「凶」濃度を薄くする、という方法もあります。階段上の本宮前でおみくじを引いた場合は、必要以上にショックを受けて階段を転がらないようにだけ足下に注意し

なくちゃいけませんね。

今年（二〇一〇年）の初詣の参拝客で賑わう若宮大路のお店に、『初詣で「大凶」が出たら、あつ〜いおしるこをサービス！』という大きな看板を発見しました。やっぱり今年も、八幡さまでは出るのですね。

あの明治神宮の歌みくじを引いた一ヶ月後、事件は思わぬ展開をみせました。バレンタインに手編みの毛糸帽をプレゼントしたところ、すぐにかぶって一生懸命笑ってくれたカレの顔が赤くなり、「し、しめつけられる〜あいたたたたた！」……スッポーンと脱ぎ放たれた帽子とカレの頭をあらためて見比べると、明らかに帽子のサイズは小さ過ぎ、編み目はキツ過ぎました（実はカンだけで作っていました）。ああまるで孫悟空の頭の輪っか【＊3】です。しまった。気をつけなくてはならないのは、おみくじの「吉凶」よりも、自己満足なプレゼントだと悟りました。時すでに遅し。ゴメンナサイ。

【＊1】
祈願において、馬（＝神の乗り物）を奉納していたが、高価で世話も大変だったので、板に描いた馬の絵に代えられるようになった。

【＊2】
好運を射止め、魔除けとなる正月の縁起物。平賀源内が考案したといわれている。

【＊3】
「西遊記」に登場する輪っか〝きんこじ〟には三つあり、緊箍児は孫悟空に、禁箍児は黒くまの妖怪に、金箍児は紅孩（がい）児に、はめられている。

第二章

長谷寺に行こうぜ！

◎正式名称　海光山慈照院長谷寺
（かいこうざんじしょういんはせでら）
◎宗　　派　浄土宗系単立
◎本　　尊　十一面観世音菩薩
（じゅういちめんかんぜおんぼさつ）
◎創　　建　736年（天平8年）
◎創 建 者　藤原房前（開基＝資本）
徳道上人（開山＝発起人の僧）

◎拝　　観　8:00−17:00（3−9月）8:00−16:30（10−2月）紅葉のライトアップ17:00−18:00（11月下旬～12月初旬）
◎入 山 料　大人300円、小人100円
◎アクセス　長谷駅より徒歩5分
＊坂東三十三観音霊場第四番札所・鎌倉七福人の大黒天（大黒堂）

Let's go to Hasedera Temple!

長谷寺への、おすすめルート&ガイド

1

「長谷駅エリア」です。鎌倉駅エリアからのルートは、御霊神社（→P.96）を参照ください。

改札を出たら、目の前の道路（県道32号線・長谷通り）を右へ行きます。すぐ一つ目の交差点の信号が「長谷観音前」です。信号待ちの間、車道の方に広がらないよう、お気をつけください。アジサイの季節など人が多い時は、歩道からあふれそうになってしまいますが、そうするとこの辺りは車もつかえて「アジサイ渋滞」が発生してしまいます。車道に出るくらいなら、背後のお店、江戸時代からつづく和菓子屋さん「恵比寿屋」で、鎌倉の元祖といわれる「女夫まんぢう」などをご覧ください。白の酒まんじゅうは、ホカホカ蒸したて。一日置くと硬くなってしまうので、あとで長谷寺の見晴らし台で、食べましょうか。

横断歩道を左へ渡ると、もうそこは古くから続く旅館や、お土産屋さんの並ぶ門前道。つきあたりの山門に赤い提灯が見えてきます。手前の松の緑と重なって、色のコントラストがきれいです。山門はふだん閉じられているので、左手の入場口からチケットを購入して入ります。

2

長谷寺の歴史は、千三百年近く前の奈良時代に「十一面観音さま」【＊1】が海を漂流してきたことからはじまります。伝説は神秘的だけれど、お寺の雰囲気はとてもオープン。サービス精神いっぱいで、細やかな心遣いを感じます。見どころも、もりだくさん。そこでココでは力を抜い

【＊1】
「観音菩薩さま」は、人々の発するあらゆる音（声）を聞きとる仏さま。頭部に十一面を持つものを「十一面観世音菩薩」と呼ぶ。

て、〝長谷寺の波〟に乗ってみます。見ドコロ・ウェーブがうちよせたら、流れに身をゆだねて進みます。その中で、どこかに「お気に入りポイント」が見つかるといいのですが。次回の長谷寺はそこからスタートすると、また全体の感じ方が変わってきます。

3

では今回は、池の前から小さな標識に沿ってスタートです。ゆっくりと人の流れがありますね。これに乗っていきます。池の周りのさまざまな草木は、第一のハイライト。長谷寺は「花の寺」とも呼ばれるように、一年中花が楽しめるようさまざまな種類が植えられています。手入れの行き届いた草木は、心和らぐもの。わが家の小庭でぐんぐん伸びている雑草たちのことは、しばし忘れて、と。あ、小さなユリのようなこの花は「貝母（バイモ）」と言うのですね……名前がわかるよう一つ一つに札がついています。池を渡ると階段です。前の人についていきましょう。

4

少し階段をのぼると、グンと高いところに来たようです。さあ、上の境内に着きました。中央の観音堂の右隣が、阿弥陀堂。その向かいに鐘楼【*2】と、赤い鳥居の「かきがら稲荷」があります。〝かき

【*2】毎朝八時の開門時に、この鐘の音が長谷の町に響く。大晦日の除夜の鐘は一般の人も、つくことができる。

がら”とは貝がらのこと。長谷観音さまをこの地に導いたのは、漂流中にくっ付いていた、貝だったといわれています【＊3】。人生、何に導かれるかわかりません。まさに「身についたもの」が、この身を導いてくれるのですね。あ、私のジャケットの首もとに？ クリーニングの札、ついてますか？

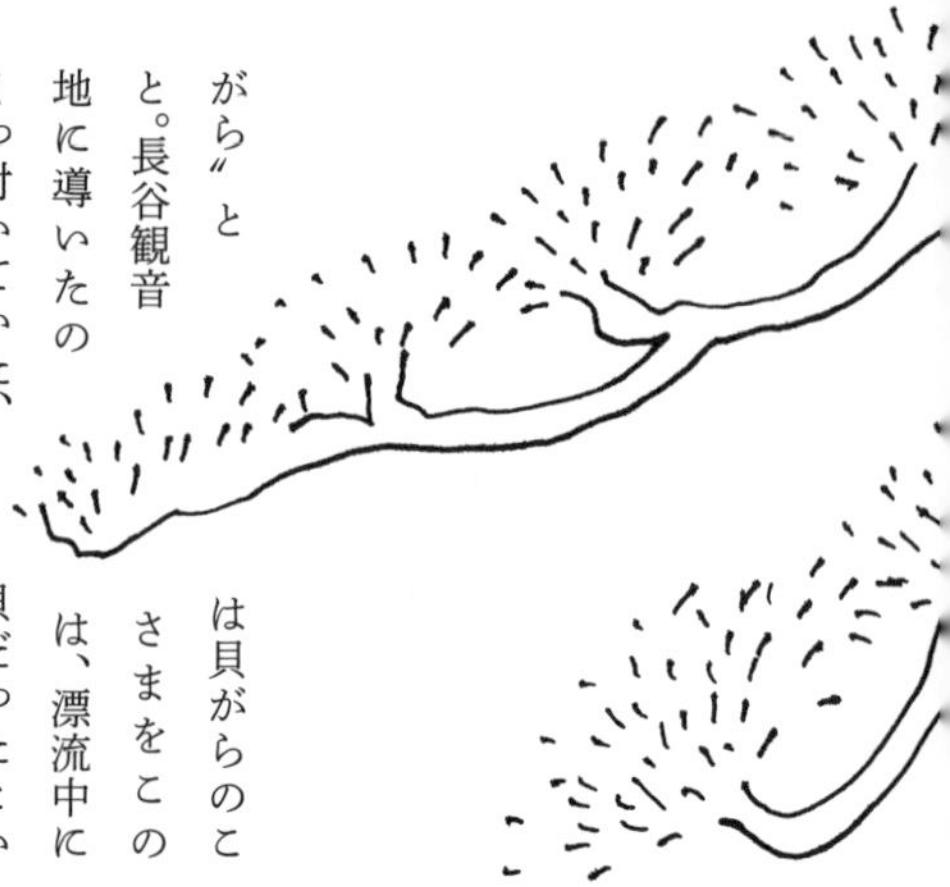

5

気をとり直して、クツを脱ぎ、阿弥陀堂に上がります。小さな座敷に、ふつうの高さの天井……にしては、意外に大きな阿弥陀如来さま【＊4】が座っておられます。大仏さまとは比較になりませんが、木造では立派な二・八メートル。この意外性に敬意を表し、第二のハイライトとさせていただきます。源頼朝が厄年に造ったという説もあり【＊5】、「厄除けの阿弥陀さま」と呼ばれています。手を合わせて「厄」を落とし、札もはずして（付いている場合）、気持ちをアップします。

左側の、さっきから気になっていた巨大木魚【＊6】も確認します。制作年数八年、世界最大！ 材料の木は、よほどの巨木だったと思われます。

6

さていよいよ、第三にして、早くも最大のハイライト、観音堂に入ります。薄暗い堂内の奥に、おおお、いつ見ても全身黄金色の像、十一面観音菩薩さまが立っておられます。大きいです。像の高さは、九・一八メートル。天井も高いです。光背も入れると約十二メートル。ふくよかな御顔を見ようとすると、アゴが上が

菩薩さまの台座の彫り物

【＊3】
721年、僧の徳道が一

ります。さらにアゴを上げて、天井の花の絵もご覧ください。バランスを崩しやすいので、両足はすこし踏ん張って。

観音さまの頭上には、まさに十一の面。グルリと円周に置かれた十の頭は、小さな観音さまの頭のカタチです。テッペンに一つ置かれた頭部だけ、ポツポツのある如来像の頭。つまり、小さな小さな大仏さまが頭頂部におられるような状態です。このカタチはまるで、王冠のデザイン。救いをもとめるあらゆる人々の声を受け取るために、全方向を見渡し、一つ一つの表情が違うそうですが、ちょっと遠くて確認できません。時にやさしく、時に怒り、嘆いたり、笑ってみたり……というケアの仕方は、子どもにアレコレ手をやく母親のようです。そういえば観音菩薩さまは、ヒゲこそ生えているけれど、全体に女性的、お母さん的。菩薩の「ぼ」が、母性の「ぼ」につながるイメージです。それにしても、首から胸、腕にかけられたアクセサリーが華やか【＊7】で、オシャレ心も忘れていません。

7

観音さまの全体像を見るには、グッと後ろに下がらなくてはなりませんが、ちょうど下がった右手あたりに子ども向けと、外国人向け（英語）のパンフレットがあるので、ぜひお取りください。なかなか他にはない長谷寺ならではのものです（→P.38）。

お堂の左手に行くと、宝物館への入口があります。開館時は、ぜひのぞいてみてください。第四のオプション・ハイライトです。百円納めて階段を上がると、部屋の中は、シーンとしています。では、ココからは小さな声で。奥のガラスの向こうには、たくさんの赤っぽい木像が並んでいます。「三十三応現身像」すなわち、カンノン・トランスフォーマーズ。さ

本のクスノキから二体の観音像を造り、一体を奈良の「長谷寺」に安置。もう一体は海に流したところ、十二年後、現在の横須賀市長井に漂着し、鎌倉まで運ばれたという伝説がある。

【＊4】
西の果ての極楽浄土に住んでいて、「南無阿弥陀仏ナムアミダブツ」と唱えれば人々を迎え入れてくれるという仏さま。

【＊5】
頼朝が四十二歳の時に厄除けのため造ったという説。科学的調査では異論もある。

【＊6】
中は空洞。外側に魚や龍の模様を彫る。魚は目を閉じないため、休まず修行するシンボル。

【＊7】
観音菩薩をはじめとする「菩薩」像は、釈迦（ゴータマ・シッダー・ルタ）がまだ悟りを開く前、貴族時代の姿をモデルにして造られているため、装飾品が多い。

っきお会いした長谷観音さまが変身する三十三の姿【＊8】です。バリエーションも楽しいですが、全体に漂うキンチョー感もいいのです。いずれも真剣な眼差しから「いっちょ、やってやるぜ」感が伝わってきます。ポーズこそ決めていませんが、これぞ恐らく〝変身ヒーロー〟の原点ではないでしょうか。

他にも宝物館には、県内最古の大黒さま【＊9】をはじめ、長谷寺にまつわる「お宝」がザクザク。どれも至近距離で、じっくり拝観できます。

8

ふ〜外の空気は、またモトのにぎやかな長谷寺です。観音堂の左側の建物は、鎌倉七福神の一人、大黒さまのお堂ですが、ご本人は先ほど宝物館におられましたね。

さあ、ここから第五のハイライト「眺望散策路」に入りましょうか。小柄なお釈迦さまを守っている、小柄な四天王（→P.48）の後ろに、入口があります。ココは、鎌倉屈指のアジサイ道。華やかで、にぎやかな季節もいいけれど、アジサイの花がない時は、草木の香りを深呼吸しながら、のんびり歩くのもオススメです。階段は、木っ端をしきつめたような、足にやさしいソフトクッション。一方通行の道をじわじわ上っていくと、やがて海が見えます。ヤッホー、相模湾！

9

散策路の下り道は、境内の「見晴らし台」までつづいています。途中の「経蔵《きょうぞう》」【＊10】は、お経の納められた回転式書架をグルッと一回転まわすと、膨大なお経一切を読んだのと同じご利益がもらえるという、ありがたい「輪蔵《りんぞう》」タイプ。ドラえもんの「暗記パン」【＊11】より、すごい気がするけれど、回せるのは月に一度、観

【＊8】三十三は仏教では特別な数字。無限という意味もある。

【＊9】大黒天＝米俵に乗り、福袋と打出の小槌を持っている。福食べものや財福の神さま。「天」グループ（→P.73）。

【＊10】経典を納めておく建物。

【＊11】教科書など暗記したいものに押し付けて写し、食べることで内容を覚えられる食パン。

音さまの縁日、十八日だけです。

お天気がよければ大島まで一望できる見晴らし台は、第六のハイライト。よく歩いたので、ベンチにすわって一服しましょうか。空が広くていい眺めです。しかし、ということは、頭上のトンビからもいい眺め。八十円と百円のコロッケを見分けるとも言われる（某知人説）脅威の視力と、見事な滑空にご注意ください。行きに買ったおまんじゅうも、テーブルには置かず、すぐ口の中へ。

10

んーアンコが、五臓六腑にしみわたります。何ヶ所もお詣りできたし、見たり食べたり、よく歩きましたね。では、そろそろ行きましょう。また順路標識の流れに乗って階段を下ると、池のところに戻ってきました。山を背に右がハスの妙智池、左がコイの泳ぐ放生池で……と、アレ、左の方へ道が曲がっていきます。前の人の背中を追うようについて行くと、岩壁の一部がポッカリ口を開けた、洞窟の入口のようなものがあらわれ、アレレレ、前の人が腰をかがめて入って行ってしまいました。暗い岩のトンネルです。後ろからも人がつづいているので、このまま進むしかありません。なに……あ、ココは……と、長谷寺の見どころは、なんとまだまだつづきます【＊12】。最後のハイライトは、このミステリー・ツアー。くわしくは、どうぞ行ってみてのお楽しみ！

【＊12】空海がこもって修行したといわれる「弁天窟」、写経・写仏ができる「弁天堂」、三頭身の「和み地蔵」、山門の前のおみくじ、「仏足石」など。

PAMPHLET

パンフレットは、たのしい

～子どもにも外国人にも、仏さまからご挨拶！

『みなさんこんにちは　わたしの名は「じゅういちめんかんぜおんぼさつ」頭の上に十一の顔を持つ観音菩薩です』と話しかける文章は、『こども長谷寺ガイド』と書かれたパンフレットの冒頭。ご本人の写真の横に、ありがたくももったいなくも、ご本人の口から自己紹介が書かれています。『「観音」という意味は、みんなの思いや、願いごとの声、つまり「音《おと》」を自在《じざい》に観《み》る（聞く）ことのできる、仏ということ【＊1】なのです。（後略）』たったコレだけの短い説明ですが、ああそういうコトだったのかとヒザを打ちすぎて痛いくらい。子ども向けに噛み砕かれた表現によって、今まで読んだどんな詳しい読み物よりも、ズバリと意味をつかめました。

同じ紙面の下部と裏面にも、それぞれ阿弥陀如来【＊2】さま、大黒さま、弁天さまの写真とご本人による自己紹介があります。『わたしの名は「あみだにょらい」。ふつうは阿弥陀さまと呼ばれておる』こちらは波平【＊3】の口調です。悟りをひらいた最高峰の仏さまながら、とても気さくな印象です。さらに、『ふぉふぉふぉ　わたしの名は「だいこくてん」みんなは大黒さまって呼んでおるじゃろ』と、二頭身半しかない大黒天さまがデーモン小暮のような笑い声になっているので、ちょっととま

【＊1】
観音菩薩の正式名称は、観自在菩薩、または観世音菩薩。

【＊2】
インド古来のサンスクリット語で「アミターバ」あまねく照らす光の仏、の意味。

【＊3】
磯野波平　五十四歳

どいます。弁天さまに至っては、『べベンベンベン♪　わたくしの名は弁才天』と、かしまし娘【＊4】のような弾き語り。でも説明文を読むと、大黒さまは、はじめ日本に入ってきた時は武器を手にした恐ろしい神だったとか【＊5】で、閣下の口調も納得。弁才天（→P.123）も、琵琶が重要なアイテムであることが忘れられなくなりました。

英語版のパンフレットもあって、"Hello everybody my name is Ju-ichimen Kanzeon-Bosatsu." と、ご本人は英語もOK、通訳なしの自己紹介です。英語のフランクな挨拶で、今まで抱いていた仏さまの神秘的で寡黙なイメージがガラガラと崩れますが、英語のシンプルな表現は意味が明快。ふだんあまり使わない漢字並びの大人説明でわからない時は、子どもパンフと英語パンフを読むと目ウロコです。"How many of my faces are visible?"

長谷寺は、サービス精神が旺盛。歴史をみても、ずっと庶民に開かれていたようです。お詣りを理由にしないと、なかなか遠出もしにくかった時代も、長谷寺は「ちょっと長谷寺に行こうぜ!」と誰でも気軽に行けた貴重なお寺の一つでした【＊6】。武士の都のプライドとか、むずかしい教養や修行も関係なく、かといってそういう権威に反抗するような攻撃性もなく、とても穏やかに楽しく仏さまに会えるところ。そういうお寺の性格が、今もパンフレットにも表れているように思います。

【＊4】
1950年代後半～70年代に活躍した姉妹音曲漫才トリオ。

【＊5】
もとはヒンドゥー教の破壊神シヴァの化身。イナバの白ウサギを助ける心やさしい大国主の尊（おおくにぬしのみこと）と音読みが同じ「大国」＝「大黒」なので、日本では性格が重ねられて変化していった。

【＊6】
服部清道著『長谷寺の歴史と信仰』（鎌倉長谷寺発行）より

仏像① 変身は、たのしい
～観音さまと、アッコちゃん

ふだん「変身願望」があるわけではないけれど、もし神さまに「変身させてあげるから、なりたい人を選んでいいヨ」と言われるなら、カトリーヌ・ドヌーブ【＊1】になってみたい。コワイくらい美しかった20代から、どんどん飾らないキレイさになっていき、60代の今ではシワもありちょっと太めになったけれど、それがまたカッコいい。70代以上限定なら、歳をサバ読んでダイバーの資格を取ったレニ・リーフェンシュタール【＊2】。前半生はあまりに大変そうだけれど、百歳まで映画を作って、百一歳に大好きな人に見守られながら眠るようにサヨナラなんて最高です。お試し変身なら一ヶ月ぐらいアンジェリーナ・ジョリー【＊3】に、三日くらい叶美香【＊4】になってみたい。ゴージャスボディを手に入れたら、いっぱいワルイことをしてやるのだ。ヒヒヒ。男だったら、ボルト【＊5】に変身して爆走スピードを体感したり、宮川大輔【＊6】になって「すべらない話」【＊7】に出たら楽しいだろうなあ。天才物理学者になって、数式を眺め「美しい～」とつぶやくのもやってみたい。人間以外なら、一週間アネハヅル【＊8】になって仲間とヒマラヤの空を飛んだり、マッコウクジラ【＊9】になって深海のダイオウイカを食べに行きたい……etc. もしどれか一つ

【＊1】
1943年生まれ。フランスの女優。「シェルブールの雨傘」などに出演。

【＊2】
1902–2003年。ドイツの女優・写真家・映画監督・世界最年長のスクーバダイバー。

【＊3】
1975年生まれ。ハリウッド女優。ブラット・ピットの妻。

【＊4】
叶姉妹の妹の方。

【＊5】
ジャマイカ人の百メートル走世界記録保持者（2010年現在）。

【＊6】
1972年生まれ。京都

となると迷うけれど、複数の姿に変身できるのなら、際限なくイロイロやってみたくなります。

十一面観音をはじめとする「観音さま」のメンバー【＊10】は、あらゆる声を聞き、あらゆるモノを救うため三十三の姿に変身するという、大変忙しい方々です。でも長谷寺の宝物館に並ぶ三十三の変身像を見ていると、大変そうというよりもなんだかワクワクしてきます。コーラス隊のようにズラッと二列に並んだ像は、身長すべて百二十センチくらい。国を治める人間の男（宰官身）と女（宰官婦女身）の姿もあれば、少年・少女の姿（童男身・童女身）や、龍や巨鳥の頭を持つモノ（龍身・カルラ身）、コワイ顔の鬼神や武神（夜叉身・毘沙門身）から、穏やかな仏さま（仏身）まで何ともさまざまバラエティゆたかです。それらは、人間たちを救うための姿でありつつ、まるで人間の変身願望を叶えているようにも思えます。

釈迦【＊11】に始まり、後世の人々によって話が膨らみ、壮大なスケールの物語になっていった仏教。たくさんの仏さまが登場する中でも観音さまが人気なのは、やさしくてキレイなだけじゃない、無限の変身力と魔力的な風貌が、惹きつけるからではないでしょうか。でももし自分が変身できるカラダになれるなら『ひみつのアッコちゃん』【＊12】のように、一回に一変身だけコッソリできれば十分だなあ。

出身。吉本興行のピン芸人。

【＊7】
松本人志が司会のTV番組。

【＊8】
渡りでヒマラヤの山越えをする鳥。

【＊9】
大きな頭を重りに、深海と浅い海を行き来する賢いクジラ。

【＊10】
代表的なのは、聖（しょう）観音・千手観音・馬頭（ばとう）観音・如意輪（にょいりん）観音など。

【＊11】
ゴータマ・シッダールタ（紀元前五世紀頃）。現在のネパールの王子として裕福な生活を送っていたが二十九歳で出家。三十五歳で悟りを開き、仏陀となった。

【＊12】
赤塚不二夫原作のまんが・テレビアニメ。鏡の精からもらった魔法のコンパクトを使って変身する。

FASHION

ファッションは、たのしい
～階段オチだけは、さけたい！

スーツという服は、大勢で電車のホームに並んでいたりすると、制服に見えてニガテだなと思うことがあります。でも、ふだんユルい格好をしている人が、いざプレゼンだとか、今日は大事な打ち合わせだ、という時にビシッとしたスーツ姿に変身すると、オオッ、コレがかっこいいのですね。お酒を飲み歩いて遊んでいるふりをしていた赤穂浪士が、いざ討ち入りという時に揃いの羽織で出陣する【*1】イメージとちょっと重なって、コツコツ準備を重ねてきた日々を思い、星飛雄馬の姉のように柱のカゲで涙を流しながら応援したくなります（なんてね）。

平日のビジネス街では圧倒的多数のスーツ服ですが、鎌倉では最少数派【*2】。たまに鶴岡八幡宮にスーツ姿でお詣りしているグループを見かけたら、それは気合いの入った仕事や会社の祈祷祈願。あるいは不動産関係者のどちらかです。七五三の季節の休日は、子どもに付き添うお父さんのスーツ姿を見かけますが、この時の主役は何と言っても子どもたち。小さな女の子が頭にチラチラ揺れる飾りを付けて、いっぱしのモデルさんみたいに赤やピンクの華やかな着物を揺らして歩く姿

【*1】
討ち入りといえば、おそろいの白地に黒の山形模様……というのはお芝居の世界の通例。実際は、火事装束に似せた黒装束に兜、羽織もバラバラだったらしい。でも、その方がリアル。

【*2】
鎌倉には、ベビーカーの赤ちゃんから、あらゆる年齢層の老若男女、日本人に外国人、さまざまな人がいるが、プライベート・モードか、学生モードがほとんど。ビジネス・モードは少ない。

は、ソー・キュート！　思わず声をかけたくなってしまいます。一方男の子は、せっかくの袴姿も、もう脱ぎたい、足が痛い〜と、不満顔が多くってオモシロい。でもガンバレ、一生に一度なんだもの。一緒に歩くお母さんのハリきった着物姿もわかります。

神社での結婚式や、お寺での法事など、親しい人の一大事でお詣りする時はフォーマルになるけれど、ふだんのお詣りは一転カジュアル。といってもやっぱりお詣りだから、男子【＊3】も女子もヨゴレ系より、いつもよりちょっとハナのあるオシャレが風景と似合います。長谷寺のように鎌倉の神社やお寺の多くは山のすそ野に建っていて階段も多いので、歩きやすいクツは必須条件。街歩きで履き慣れていても、ミュールのようにカカトがないものは、下り階段でスッポーンと飛んだら大変なコトになるし、ヘタしたら自分もコロがるな、と想像してNG。経験値では、見た目が楽そうなGパンよりも、案外ウエストもヒザもしばらない、ニットのワンピースなどフニャ系ファッションが歩きやすいです。歩くとカラダは温まるけれど、境内で風にも吹かれたいから、温度調節しやすいショール系は、とっても重宝。でも最終的に何を着るかは、誰と行くか、気合いを入れるか？一人のんびり気楽に行くか、そこがポイントになるのはいつもと同じ。それから服装ではないけれど、ちょっとノドが乾いた時のために、小さい「マイ水筒」はオススメです。

【＊3】男子の皆さんは帽子をどうぞ拝殿では、はずすのをお忘れなく。オッとここで頭部のヒミツがばれてしまった友人のダンナさまもおられる（当時おつきあいしていたが、無事ケッコン）。

TREES

木は、たのしい
～ビャクシン、梅、ミツマタ、アジサイ etc.

うねうねとネジリながら伸びる幹が迫力のあるビャクシンは、その名を「舎利樹」[＊1]ともいい、青い実がお釈迦さまの骨に見たてられる、仏教のシンボル木です。太い幹からボワーボワーと上に広がる常緑の葉の枝は、まるで燃え立つ炎のカタチ。建長寺のビャクシンの巨木[＊2]や、円覚寺や寿福寺[＊3]にある古木の迫力を眺めていると、鎮めても収まりきらないヒトの心を映しているようにも感じます。鶴岡八幡宮のビャクシンは、三代将軍源実朝が、宋から苗を取り寄せて植えたといわれるもの。明治時代に、お寺に関わる建物はすべて壊されてしまったけれど、ビャクシンだけは、ココにもお寺があったことを伝える生き証人[＊4]（証木）です。

瑞泉寺[＊5]には、真っ赤に染まった紅葉の庭と山を期待して足を運んだもののタイミングが早く、色づいた葉はまだごく一部……ということがありました。「アラ、写真と違うじゃない～」と嘆くオバチャンの声にうなずきながら、紅葉の代わりに目に入ってくるのは、枯れた梅の幹・幹・幹。くねり曲がった枝・枝・枝。花も葉もない季節だから、そのラインがクッキリ見えてきます。乾いた木肌にウロの凸凹。一本一本それぞれワガママ自由に屈折屈託し放題。まっすぐに伸びなくったってい

【＊1】
舎利＝お釈迦さまの骨

【＊2】
建長寺を開いた僧、蘭渓道隆がみずから中国（宋）から持ち帰った種を植えたもので、樹齢750年といわれる。

【＊3】
寿福寺＝1200年、北条政子が、臨済宗の僧栄西を招いて建立した寺。鎌倉の禅宗文化を育てた代表的なお寺の一つ。政子と息子実朝の墓と伝わる五輪塔もある。立派なビャクシンと、石畳を挟んだ並木が印象的。

【＊4】
今は神社しかない場所でも、お寺の並び立つ風景を想像できる。

いじゃあナイですか、と、全身で伝える生き名人（名木）のように見えました。
ミツマタの木と初めて出会ったのは、円覚寺の黄梅院。それからすっかり気に入って、友だちが「枝ぶりがいいね」と言うと、ソウソウとうなずきます。こんな会話をするなんて、ずいぶん私たちも大人になったもの。カワイイのは、三の倍数で枝分かれしていく先に現れる、指輪の飾りくらいの小さなツボミの集合体。薄茶緑の地味なツボミから、やがて鮮やかな黄色やオレンジの花に変身します。不思議、不思議。サプライズで惹きつける、なんとも粋な生き芸人（芸木）？

アジサイの季節になると、長谷寺の眺望散策路には毎年ミッキー待ちならぬ「アジサイ待ち何分」という看板が出るほどの行列になります。それでも一列縦隊で勾配もあり、数珠つなぎの人の頭よりずっと、色とりどりのアジサイが目立つので、ダイジョウブ。並んでゆっくり進みながら、皆ところどころで写真撮影しています。四角いおじちゃんが、丸いおばちゃんを丸いアジサイの前に立たせて撮っていたり、娘さんがお母さんを撮っていたり。そうしている間に散策路はいつの間にか高いところに上って来ていて、アジサイ越しに海が見えます。梅雨の白い光の中、アジサイも海を見ています。現代人の心を和ませ、生きるアジサイも名木です。

【＊5】
瑞泉寺＝1327年、夢窓疎石が開山。周囲の山の紅葉が屏風のように見えることから「錦屏山」という山号を持つ。

仏像② 筋肉は、たのしい
～仁王さまの、ビルダー魂！

後輩のハマジがボディービルダーでなかったら、「ビルダーの世界」をのぞくことは一生なかったかもしれません。ハマジは大会の数ヶ月前までよく食べて飲んで、太ったね～と一目でわかるくらいに全身に肉をつけていました。次に、毎日スポーツクラブのマシンで鍛えて筋肉に改造。さらに一つ一つの筋肉が際立つように、ムダな部分をマシンで絞っていきます。まさに彫刻刀を入れていくような作業で、平行して食べものも脂肪分を減らすなど、だんだん制限。大会が近づくにつれ、白スパとササミとプロテインという食事にコントロールし、筋肉だけを残してホオもそげ別人のようになっていく姿は、まるで修行僧のようでした【*1】。一度、大会と同じように音楽に乗せたポージングを皆で見せてもらったのですが、音楽に合わせて各筋肉をアピールする一つ一つのポーズはまさに、人体彫刻作品。曲の盛り上がりとともに、ついうっかりジーン……。生まれて初めて「筋肉に感動」してしまいました。ちょっと近くで見ていただけでもそうなので、ましてや同じ苦労がわかるビルダー同士、大会でお互いの〝作品〟を観た時の感動とコーフンは、スゴそうです。

【*1】
ビルダーにはそれぞれ独自のやり方があるので、これはハマジの場合の方法。

【*2】
金剛力士の通称。二体一組でお寺の表門に置かれることが多く、向かって右側が阿形の「あ」左側が吽形の「うん」の口をしている。

【*3】
杉本寺＝734年創建。十一面観音が三体あり、苔むした石段が外国人観光客にも人気の、小さな寺。

以来、作品的筋肉との出会いはしばらくなかったのですが、大仏さまの高徳院で、入口の門を守っている赤と青の仁王さま【＊2】を見た時、久しぶりにビルダー・ハマジを思い出しました。その後見つけたのは、鎌倉最古の寺といわれる杉本寺【＊3】。この門を守っている仁王さまも、上腕筋や胸筋の張りをグイと見せつけ、目ジカラ満々でにらみつけています。仁王さまは、「如来」「菩薩」「明王」とつづく仏さまの階層（↓P.73）では最下層となる「天」【＊4】に所属。「天」は、仏教界を守るガードマンの集団です。完璧すぎて遠い存在の如来グループや、やさしくてキレイだけれど自分たちとは別世界の菩薩グループ、あまり見かけない明王グループ【＊5】に比べて、「天」の仁王さまは、もっと身近に感じます。コワそうだけれど感情を表に出してスカッと発散しているところが、人間的。もちろん日常生活には、トゥーマッチな動きと表情、巨漢と巨筋で、本当にあんな人が近くにいたらきっと大変ですが、あれは門というステージ上でのポージングだから、あのテンションでちょうどイイ。

鎌倉時代、仏像造りの世界に運慶・快慶【＊6】という才能が登場して、中でも仁王像は大人気となりました。平安貴族に好まれた穏やかな表情、あっさりした肉づきから、男くさい表情に筋肉たっぷりのカラダへ。筋肉が好まれるようになった背景には、筋肉派の武士たちのガンバリと活躍、そのビルダー魂の開花があったのです。

【＊4】
もともと古代インドで信仰されていた神さまが、仏教の仏さまとして加えられたグループ（↓P.73）。

【＊5】
やさしく言っても聞かない困った人たちを力づくで仏の道に導く仏さま。密教の中で考え出されたグループ。

【＊6】
運慶・快慶の代表作は、八メートルもある東大寺南大門の金剛力士（仁王）像。

仏像③　グループは、たのしい
～四天王は、脱アイドル?!

これでもか、という筋肉派の仁王さまに対して、バランスのとれた体型の仏さまが、四天王です。それほど上背はないけれど、均整のとれた姿の四人組。全身スッポリ服と甲冑をつけているのでダイレクトには確認できませんが、スッとのびた背筋、胸の厚みから考えると、ほどよく筋肉もありそうです。四天王は、仁王さまと同じ仏教界を守るガードマンの集団「天」（→P.73）に所属。その中の代表的な四人組です。

四人の名前は、それぞれの位置と持ち物から決まっていて、東を守るのが担当の持国天（刀を所持）、西を守る広目天（筆と巻物）、南を守る増長天（弓）、北を守る多聞天（宝塔【＊1】）。仏さまの世界の東西南北の角に立ち、悪いものが入ってこないように守ります。長谷寺では中央に釈迦如来像を囲んで護衛。アジサイの季節には、釈迦如来さまはアジサイの花束を持って温和に座っておられるのですが、その周囲を、四天王がガッチリガードしています。この四天王の中でも多聞天は特に人気があり、グループとしてだけでなく、ソロ活動も盛んです。その場合呼び名は「毘沙門天」と変わり、戦を勝利に導く勇ましい神として祀られます。毘沙門天は上杉謙

【＊1】
お釈迦さまの遺骨「舎利」を納めるもの。小さなお寺の建物のようなカタチをしている。

【＊2】
1530－1578年。戦国時代に越後国を治めた武将。「義」を重んじ「敵に塩を送った」ことでも有名。

【＊3】
七福神のルーツは、毘沙門天・大黒天・弁才天がインド出身。福禄寿・寿老人・布袋尊が中国出身、恵比寿さまは日本出身。

【＊4】
七福神の紅一点は弁才天だが、初めは弁才天の代わりに吉祥天が入っていて、毘沙門天と結婚して子どもがいる。

信【＊2】が厚い信仰を寄せたことでも有名ですが、さらに、室町時代からは七福神チーム【＊3】にも参加。家族を持ちながら【＊4】、宝船に乗って縁起の良い初夢をお届けしたり【＊5】、七福神巡り（→P.65）の目標になったりと多忙です。

　四天王の全身を見ていくと、足下で顔を歪めた生き物が気になります。邪鬼《じゃき》【＊6】。仏教の世界を乱す悪いヤツ、人間の煩悩の象徴です。ただ中には改心して、自ら「ヨロコんで」と四天王の踏み台になっているモノもいるそうです。〝長時間カタいところに立っていたら、四天王さま大変でしょう〟と。そんな小さくて丸い姿が踏まれつづけている様子は、なんだかちょっと気の毒。カッコイイ四天王が、頼もしいというよりコワイ人たちに見えてきます。人気のアイドル・グループがハメをハズしすぎたお笑い芸人を踏んづけているような、いとうせいこう氏によると体育会系が文化系を踏んづけているような【＊7】、大きなお兄ちゃんが聞き分けのない小さな弟を踏んづけているような……ウーン踏んでおかないと面倒なコトになるのかもしれませんが、できれば目の前では見たくなかったような……。四人組なら他の方法もありそうだし、イメージが大事でしょうと言いたいけれど、いや、そもそもコレは四人一組の四天王像ではなく、「四天王と邪鬼たち」という八人一組の像であって、イロイロ考えられるようにできているのかもしれません?!

【＊5】
正月の枕の下に「七福神の乗った宝船の絵」を入れておくと、良い初夢が見られるという。

【＊6】
仏教界の法を犯す邪悪な神。人間の煩悩を表す象徴。

【＊7】
みうらじゅん氏との共著『見仏記』より。

DIARY @ A BOOKSTORE 鎌倉の春夏秋冬

（前編）

友だちが、本屋さんで店番を手伝ってくれる人を探しているんだけど……やってみない？と声をかけてくれました。友だちは何年か前から週に何回か手伝っているとのこと。本屋で働くことも、レジを打つ仕事もしたことがなかったので、自分にできるかなぁと思ったけれど、初めはしばらく友だちの時間にいっしょに入って仕事を覚えればダイジョウブ〜と言われてちょっと安心。せっかくのご縁です。連れて行ってもらうことにしました。

この土地で三代つづく小さな本屋。場所から鶴岡八幡宮へ向かう観光客などもたくさん入ってくるけれど、先代の店主時代からというような、長いお付き合いの地元のお客さまに支えられているジモティー店です。店主は毎日、お得意さまからのご注文を、三輪バイクで配達します。店番の主な仕事は、この配達時間帯の留守番係。お店でレジを打ったり、雑用をしたり、お客さまからかかってくる電話を受けることも大事な仕事。この電話が、ジーコンジコンとダイヤルを回す、今や大変貴重な黒電話です。重い受話器を持ち上げたり、置いたりするとチンといい音がして、祖父母の古い家を思い出させます。高い本棚の上には小さなカセットデッキが置かれていて、流れているのはNHK FMラジオ。

店主のOKが出て、店番見習いとなることが決まりました。春の初めの頃でした。

ラジオから流れてくるのは「みんなのコーラス」。外は温かい光でいっぱいだけれど、まだ朝早く、誰もいない店内は少し涼しく、中学生の歌声がラララと響き渡ります。歌が終わると専門家の講評が入り、「母音の『う』を『お』に近づけて歌うと、さらに音の響きがよくなるのですが……」とコメントします。再び合唱がはじまってタラララ〜……高音のハーモニーがつづくとだんだん頭がクラクラしてきました。とその時、ハイテンションな小学生の声が聞こえてきます。「あッ本屋だ！」「本屋だ！」黄色い帽子をかぶってキルト布のひもリュックを背負った小学五年生くらいの子どもたちが、店の前を叫びながら通り過ぎていきます。春の平日は、遠足や修学旅行でやってきた子どもたちでいっぱいです。今どきの遠足や修学旅行は、たいてい四、五人の小集団行動。集合時間まで子どもだけで巡るらしく、手には〝しおり〟のようなモノを抱えて八幡宮に向かっているようです。しばらくすると、別のグループがまた「本屋さんだ！」「本屋だ！」と口々に叫んで、店頭の絵本ラックをちょっと回したりして行きます。本屋を見ると、子どもはコーフンするのでしょうか？　その後しばらくすると、またしても小学生男女グループ五人組が、しかし今度はワラワラと店に入ってきました。店内を巡りながら「ジャンプだ！」「ナルトだ！」「あ、ジャックと豆の木だ！」とマンガやら絵本やら、とにかく自分たちが知っているものが目に入ると、大きな声で名前を読み上げ、指差し確認をします。そして店内一周を終えると、もう気がすんだというようにワラワラと出ていきました。

カラダもだいぶ大きくなって、いろいろ知恵もつき、仲間もいて心強いとはいえ、やっぱり見知らぬ土地歩き。心細さもないワケじゃない。そういう時に、小さい頃から知っている「本屋」という場所に入って、よく知っているマンガや本を見ていると、なんだか気持ちが落ち着くのかもしれません。慣れない店番にキンチョーしながら、子どもたちのハイテンションがわかる気がしました。

来日する外国人観光客が増えていると聞きますが、たしかに鎌倉でもよく見かけます。特に八幡宮と大仏さまの高徳院の近くには大きな駐車場があり、おそらく東京に宿泊している外国人観光客が〝一日鎌倉ツアー〟のようなスケジュールで、朝九時頃から観光バスでやってきます。バスから降りると遠足や修学旅行の子どもたちと同じように、集合時間まで自由行動のようで、さまざまな国籍人種の人たちが街中に散っていきます。そんな日は、店にも外国人のお客さまが立て続けにやってくるので、聞こえてくるコトバや姿の印象から、国を想像したり、名前を勝手に考えてみたりします。

彼らが本屋に入ってくる目的や行動はさまざまで、アメリカ人の学生（らしき）キャロライン（仮称）と友だちが、"hi"と元気よく入ってきた時は、八幡宮の境内で買ったと思しきりんごアメの棒を見せ、首を傾げて聞いてきました。"trash?" ゴミを捨てさせてくれないか?のことだとわかり、これには〝ノー〟です。次に四十代くらいの体躯のよいニコライ（仮称）と奥さん（らしき女性）が、ニコリともせずにレジ前までやってきて、"post cards?" ハガキを探しているようでした。この時はまだ店で扱っていなかったため、ハガキの買える駅前の大型本屋さんを紹介しました。〝ゴーストレート、レフトサイド、ビッグブックストア〟というレベルの英語ですが、通じたようで、ニコライは一瞬大きく口角を上げてニッとすると、すぐ真顔にもどり、ロシア語で会話しながら足音高く去っていきました。

その後、フランス人の三十代後半くらいのフランソワーズ（仮称）とカトリーヌ（仮称）が、入口から視線を送ってきて、短くスマイル。まずフランソワーズが近づいてきて、フレンチ訛りの英語で“sushi cooking？”と尋ねます。写真があれば日本語でもよいとのこと。他に適当なものがなく、どうかな……と思いながらバックナンバーの『きょうの料理』の寿司特集号を見せると、ニコーッとして買ってくれました。やった、ウイッ！

一方カトリーヌが探していたのは、日本の昔話の絵本。入口近くの絵本コーナーを紹介すると、かなり時間をかけて、『いっすんぼうし』を選抜。表紙には、水色の川に、かわいいチョンマゲの男の子がお椀にのって笑っています。なかなか、いいセレクションだなと思っていると、同じように感じたのか、フランソワーズも一冊取って来ました。“for present…”とのことなので、リボンと包み紙を引っ張り出して……汗かきかきなんとか体裁を整えます。じつは店番で初めての「プレゼント包装」。メルシーと言って渡すと、二人はニッコリ大きく微笑んだ後、きびすを返してサバサバと去っていきました。後ろ姿を見送りながら、あの本たちが日本土産になるんだなぁと感慨深くジ〜ンと見送るわたくし日本人。『いっすんぼうし』よ、ボンヴォヤージュ！

店番も少しずつ慣れてきた頃、八幡さまの源平池には蓮の葉がいっぱいに広がってきました。梅雨に入っても、お寺や神社にきれいに咲くアジサイのおかげで、鎌倉にはたくさんの人が訪れます。店の入口近くに積まれているのは、アジサイが表紙になった鎌倉特集号の雑誌たち。このあたりは、携帯しやすい軽いガイドブックから、地図、鎌倉の歴史や史跡についての本、鎌倉について書かれたエッセイ、鎌倉在住作家の代表作などが本棚の上から下までイロイロ詰まった「鎌倉コーナー」です。店に入ってくるお客さまで、鎌倉に遊びに来た人は、ほとんどこのコーナーで足を止めます。

小さな店なので、店番ポジションからの視線を意識してか、さすがに写メまで撮る人はないのですが、立ち読みだけで必要な情報を調べて行ってしまう人がいると、ちょっと悲しいものです。それは大抵若い女性二、三人組か、カップル。コソコソするくらいなら、堂々と聞いてくれたらいいのに！と思っていると、本当に尋ねてくる人もいます。「このあたりで、おいしいランチのお店ってどこですか？」「和菓子とかでオススメのところってありますか？」ジモティーになって日の浅いワタシでヨカッタラ～と（口には出さないけれど）、引っ越してすぐの頃けっこういっしょうけんめい雑誌で仕入れた情報や、友だちに連れていってもらったお店を、思いつくままオススメします。「ありがとうございます」と喜んでもらえると、自己満足。

オバチャン・グループは、貫禄です。わからないことがあれば躊躇なく聞いてこられます。事前に調べた情報を、正確には思い出せない、といったタイプの質問が多く、「お寺のそばの窯でパン焼いてるレストランあるでしょ？　そうそれ、ここからだとどうやって行けばいいのかしら？」浄妙寺の境内にあるお店のことですね。私も雑誌でたまたま読んでいたのでわかり、なぜかホッとします。「竹のお寺って何時まで開いてるかしら？」報国寺のことですね。ええとそれなら、と他にお客さまがない時は、いっしょに調べます。他にも建長寺までは歩いて何分?とか、今アジサイが一番きれいなのはどこかしら、といった質問が多々。どうも本屋は、インフォメーションセンター的に思われるのかもしれません。そ知識や情報のつまった本があるのだから、本屋に行けばなんとかなるんじゃないか、と。そういえば、かつて銀座でお目当ての場所が見つからなかった時、交番ではなく三越に行けばなんとかなるんじゃないかと入ったことがありました。すると受付の女性は銀座全体の地図を取り出して、とっても親切に教えてくれたのでした。今は巡り巡ってその時の御恩返し……なのかもしれません。しかし、かなり多くの方から聞かれるのが、「あの、ココはどこかしら?」という質問です。ハイ、迷子にはどうぞご注意を。

黒髪の感じはスペインの方か、ギリシア……か、日本人の女の人といっしょに店に入ってきた男性は、棚から一冊の本を手にとると、突然大きな声で「オオ、コレハ サムイ!」と言いました。たしかに梅雨寒な日でしたが、ンッ? と思ったのは私だけではなかったようで、連れの女性にも怪訝そうな顔をされた彼は、あわてて「オー、ノーノー、コレハヤスイ!」と言い直しました。アハハハ。私が外国でこれまで操ってきた冷や汗英語を思うと、彼の混乱はよくわかります。本は、DVD付きの空手入門一五七五円。レジでも彼は「ヤスイデス!」をくり返しながら買っていかれました。グラシアス!

店番をしていると、実際に「コレハサムイ!」という日があります。もう暖房を使うほどではないけれど、ジッとしていると足下からじわじわ冷え。そんな時は、密かにヒンズースクワットをします。レジの前ではあちこちに腕がぶつかるので、本棚の横に移動。外から見えるかな？……腕をブンブン振りながらチラッと入り口を見た時、あ、日本人のオジサンと目が合いました。一瞬、オジサンの動きが止まりました。店に入ろうとしていたようで、扉にかかった手。あ、動きました。入ってきました。そして地図を買っていかれました。「突然ヘンなものと目が合うと、人間は止まる」学びました。

カラダも温まり、レジの前に座って本を読んでいると、近づいてくる人影がありました。ハッと目を上げると、黒く長いワンピースを着たヨーロッパ系五十代くらいの女性が目の前でニッコリしています。ハローか、いらっしゃいませと言おうかと一瞬迷っていたら、彼女はまず「コンニチハ」と言い、そして「ムソウソセキノホンハ、アリマスカ？」と流暢な日本語で尋ねてきました。ムソウソセキ？　聞いたことがあるけれどなんだったったけな あ……と思い出せない私の情けない表情を見てとって「ズイセンジ ノ ニワヲ ツクッタ人デス」。あ！　瑞泉寺は鎌倉でも人気のお寺です。急いでお寺関係の棚にあった「仏教辞典」をとりだして「む」で引くと、ありました。◎夢窓疎石（夢窓国師）1275－1351【＊】急いでここに書かれている関連本、「夢窓疎石」や「瑞泉寺」の入ったタイトルなどを探してみますが、ザンネン、見当たりません。今こちらにはないようで、申し訳ありませんと伝えると、彼女は「ソウデスカ」とちょっと残念そうに首を傾け、また流暢に「サヨナラ」と日本語を残して去っていきました。その頃、今よりまだまだ鎌倉のお寺や神社に足を運んでいなくて、食べもの屋さんの知識ばかりじゃ、コレは店番としてもまずいゾ、という思いがよぎりました。外国の人だって不案内な人ばかりとは限らない。その後、瑞泉寺や円覚寺など、夢窓疎石ゆかりのお寺に行くようになっても、彼女のコトをたまにふと思い出します。

【＊】夢窓疎石＝鎌倉時代末から南北朝、室町時代初期に活躍した臨済宗の僧。時代や敵味方の境界線を超えて、多くの権力者から人望を集めた。瑞泉寺や恵林寺、京都の西芳寺（通称 苔寺）などの庭の築造でも才能を発揮。

第三章

高徳院＝大仏
ホエアイズ～
グレートブッダ？

◎正式名称　鎌倉大仏殿高徳院
（かまくらだいぶつでんこうとくいん）
◎宗　　派　浄土宗
◎本　　尊　阿弥陀如来
◎文 化 財　銅造阿弥陀如来坐像（国宝）
◎創　　建　1252年から約十年かけて造立されたとみられる。大仏殿は倒壊と再建を二度くり返し、1498年の大地震と津波で倒壊してからは露座に。
◎創 建 者　僧の浄光が、勧進をして建造費を集めたといわれているが詳細不明。
◎拝　　観　7:00−18:00（4−9月）
7:00−17:30（10−3月）
◎拝 観 料　大人200円、小人150円　胎内拝観料20円
◎アクセス　長谷駅より徒歩7分

Let's go to Kotoku-in [Great Buddha]!

高徳院＝大仏への、おすすめルート&ガイド

1

陽気のよい春や秋の日に、鎌倉駅の近くで人を待って立っていると、平日でも10分しないうちに何人かに声をかけられます。もうナンパでモテモテ、なのではザンネンながらなくて、道を聞く外国人観光客がたくさんいるのです。英語で話しかけてくるけれど、フランス語訛り、ドイツ語訛りなど、たぶんお国はいろいろ。でもほとんどの人の質問が、「ホエアイズ〜ハチマン・グー?」と「ホエアイズ〜グレート・ブッダ?」。ハチマン・グーは近いので、道はだいたい腕振りと指差しで伝えられます。でもグレート・ブッダは、まず最初に聞かれた時に「＝大仏」とわかるのに3秒かかりました。「ダイブツ」と言わず、「ビッグ」でも「ジャイアント」でもない。「グレート」と言われると、エヘへなんだか身内を素晴らしいとホメられたようで悪い気はしません。道案内は、鎌倉駅の近くではないことを伝え、ハセ・ステーションへ行ってねと、とにかく長谷駅へ送り込みます。はい、大仏さまへの第一歩は、長谷駅エリアへ向かうことです。

2

長谷駅エリアまでは、御霊神社へのルート&ガイド（→P.96）を参照ください。

3

改札を出たら、目の前の道路（県道32

号線・長谷通り）を右へ行きます。そのまま信号も渡ってまっすぐ。歩道は狭いので、休日は人がこぼれんばかりになりますが、流れにつながっていきます。左右には、大仏さま関連のグッズが豊富な土産物屋、食べもの屋、ジェラートの店などが並びます。外国人観光客が多いため、「しょうが焼き Pork Ginger」など英語表記も多いです。高徳院の入口には、そびえ立つ山門や大提灯のような目立つものはないけれど、道なりに行けば迷うことなく到着します。

4

低い石段を上がると、仁王さまが左右から守る仁王門があります。くぐって進むと左にチケット売り場があるのですが、塀の向こう側に、あ！　もう大仏さまの頭が見えます。訪問先の主が不在でないことが（不在なら大変ですが）すぐに分かってうれしくなります。チケット売り場で入場券を購入すると、いよいよ境内へ。手前の手水舎で浄め、中央に向かって歩いていくと、広い境内の中心にドッシリと座った全身が見えてきます。大仏殿が十五世紀の津波で流されて以来、今日までずっと建物なしのオープンエア状態。台座の上だけでも座高は11・３１２メートル、両膝頭までの幅は９・１メートル、重さ約１２１トンという青銅の大仏さまです。建造物としては、世の中にはもっともっと高いものがたくさんありますが、人の姿に近い像でこの大きさというのは、やっぱり迫力があってオモシロイ。下から見上げるので、頭は周囲の低山の緑よりもずっと高く、空を背景にクッキリ見えます。中央に進んだら、手を合わせます。お供えが大仏さまの巨体に対して小さく感じられるため、遠くから緑の丸い豆に見えたものが実はスイカ（夏の供物の定番）だったり、ちょっと不思議なスケール感。

5

三方を塀で囲まれた石畳の境内では、遠足の小学生たちがお弁当を広げていたり、水筒のお茶を飲んでいる人がいます。ちゃんとゴミを持ち帰ればOKいう寛容なルールですが、仏さまと並んでお弁当やお茶なんて貴重です。仏さまの全身が四方八方から見えるというのもふだんなかなかないことで、ぐるり周囲をまわって拝見します。大仏さまは仏像の種類で言うと、「阿弥陀如来《あみだにょらい》」【＊1】。「如来」の特長もよくわかります。まずピアス穴【＊2】のある大きな耳(高さ1・9メートル)。頭のポツポツ部分【＊3】は656個あるそうですが、頭頂部までは見えないので数えるのはムリ。おでこの中央にはポッツンと丸いカタマリ【＊4】があって(直径約0・18メートル)、切れ長の目(各幅1メートル)はうすく開き、口ひげもあります。両手のサインである「印相」の組み方【＊5】は、座禅の時と同じもの。指には水かき【＊6】があるというのですが、それはちょっと確認できません。服は下半身は巻きスカート状(座っているからわかりにくいけれど)で上半身には大きな布を一枚まとっただけ。悟りを開いた瞬間に、衣も肌も金色にかがやきはじめた〜とお経の中に書かれている通り、かつては全身ピカピカ黄金の像だったようです。左のホオにわずかな金箔がまだ残っています。黄金の時、きれいだったでしょうねー。現代では、四月の鎌倉まつりや十一月の世界糖尿病デーにライトアップされるなど、幻想的な姿が別のカタチで見られます。

6

大仏さまに向かって右側、腰のあたりに小さな小屋があって、ここで20円の拝観料を納めると、大仏さまの胎内に入ることができます。入口の通路も狭く、30人でいっぱいになるほどですが、見上げると頭部まで内側がすべて見えてビック

【＊1】
P.35／P.73参照。極楽浄土に住んでいる。「無限の光、無限の時間を持つ絶対的な者」といわれ、キリスト教の影響を受けているという説もある。

【＊2】

如来は、お釈迦さま(ゴータマ・シッダー・ルタ)の姿が元になっているので、修行前のピアス穴がそのまま残されている。


【＊3】

螺髪(らほつ)。釈迦が長い修行の間にボウボウにのびた髪の毛が、一本ずつ小さな右巻きカールになってパンチ・ヘア状態になった。如来の「三十二相八十種好」つまり三十二ある身体特徴の一つ。


【＊4】

白毫相(びゃくごうそう)。白い毛がクルクルッと右巻

り。ちょうどひざの内側辺りに手が届くので軽くふれると、太陽で温められた大仏さまはあたたかいです。約1・2メートル四方のパーツを積み上げて造った構造が、内側から見える継ぎ目でわかります。強度をあげたり、修繕のために接着剤は付けられているけれど、全体は鎌倉時代に造られたままのもの（ちなみに奈良の大仏さまは何度も建造され直しています）。鋳造にはさまざまな「鋳《い》繰《からく》り」と呼ばれる高い技術が使われていて、関東大震災にも揺るがなかったという、まさに国宝。あかり取りのために観音開きに開けられた二つの窓は、胎内から外へ出て見ると、なんだか背中に生えた天使の羽のようです。

7

境内を囲む壁にかかっているのは、奉納された巨大わらじ。その並びに大仏関係の資料やオリジナルグッズを扱っている小さなショップがあります。大仏さまの背後から庭に出てみると、木立の奥に与謝野晶子の歌碑【＊7】や、十五世紀中頃李王朝から移築された観月堂がひっそりと建っています。ぐるっと巡ってくると懐かしい感じの茶店もあって、ここで抹茶ソフト【＊8】を食べて少年オバマ気分になるのもヨシです。おっと最後になりましたが忘れずに、大仏さまと一緒に記念写真を。オープンエア状態という点では、タイの涅槃像【＊9】も同じですが、顔の向きまでそろって、しかも一人から修学旅行の団体さんまで一緒に記念撮影できるのは、鎌倉大仏さまならではです。建物を失って五百年以上の時を経た今も、雨や風、冷たい雪、厳しい夏の太陽、花粉、地震、月光、星の明かり、四方八方全方位からの人々の視線もすべて、泰然自若にその全身で受けて立つ（座っていますが）仏さま。それは言葉やリクツを超えて、感動的グレート！　です。

きにまとまったもの。ここから光を出して人を照らす。白銀製。

【＊5】定印（じょういん）。心静かに瞑想しているときのカタチ。お腹の前で両手を重ね合わせた状態。

【＊6】手足縵網相（まんもうそう）。水も漏らさず衆生をすくいあげるためのもの。

【＊7】「美男におわす」と大仏さまを表して、当時物議をかもした歌が書かれている。今なら「大仏ってイケメンよね」と言っても騒がれない。

【＊8】「オバマッチャ」と呼ばれて、各店が競っている。

【＊9】釈迦が入滅する（亡くなる）姿の像。右手のヒジ枕で、横たわっていることが多い。お父さんのゴロ寝テレビ・スタイルに似る。

GOSHUIN

御朱印は、たのしい
～ハンコ、ありがたや！

走る時、気持ちだけは未だに学生時代のまま。現実は駅までの短い道ですら、幽体離脱のように意識だけ前へ行き、実体（カラダ）はずんずん遅れていく情けないナマクラ・ボディー。コレじゃどう考えても「女スパイ」には見えません。でも、そんな私まで〝あやしいヤツ〟と睨むのが、海外へ行った先、各国の入国審査のお仕事です。たしかに、いくら英会話教室に行っても身に付かないウロンな英語で、審査官の質問にテキトーにYESをくり返していれば、〝ン、カノジョヤバクナイ？〟と思われることも発生します。それでも、英語を自由に操る友だちや諸先輩方のおかげで、いろいろな国に旅してきました。イスラエルのテルアビブ空港でのスーツケース検査は、赤外線だけでなく、フタを開いての中身チェック。さすがにすべての中袋を開くことまではせず、上から触ったり叩いたりするのですが、太めの色鉛筆が入っている硬いプラスチック・ケースを、イカツイ検査官がひどく真剣な表情でコツコツと何度も叩く姿を見ていると、もうなんだかかえって申し訳ないような、こんなに厳しい情勢の国に色鉛筆なんて持って来てしまって恐縮な気持ちでいっぱいになりました。ようやくOKが出て、パスポートに押してもらえた入国許可印！

【＊1】
もとは、写経を納めた後にいただく受付印であったといわれている。

【＊2】
お守りなどを扱う社務所のヨコの方に、「御朱印はこちらで」と書いてあるので、窓口でお願いする。鶴岡八幡宮では御朱印帳は千円。御朱印は三百円を納める。

もうココで帰ってもいいくらい、価値のあるハンコに思えるのでした。

「ハイ、たしかにココに来ましたね！」というハンコは楽しいもので、国内でも観光地で記念スタンプを見かけると、ついついどこかに押してみます。でもパンフレットや、その時たまたま持っていたモノに押すために、どこに押したかすぐ分からなくなる。コレを防ぐにはハンコ類専用ノートがあればよいのですが……と、なんと、神社・お寺には昔からそれがあるのですね。「御朱印帳」そして参拝の記録としていただく「御朱印」[＊1]。鶴岡八幡宮で御朱印帳を購入し、初めて御朱印をいただいた時[＊2]は、おおコレコレ！　とパスポートに印を押されるワクワク感が浮かんできました。神社やお寺の方が、サラサラと毛筆で拝観日などを書かれ、上からペッタンと「御朱印」が入ります。墨がとてもいい匂い。見ると御朱印帳には各寺社それぞれオリジナルのデザインがあって、高徳院の紺地に金文字は中でもシンプルでカッコイイ。御朱印のコレクションも、御朱印帳のコレクションも、なかなか奥が深そうです。御朱印と御朱印帳のためなら巡礼[＊3]だって、ひょっとしてイケルかも？　などと巡礼姿の自分を妄想しながら御朱印帳を眺めていると、はるか昔に日本史で習った「朱印船貿易」という言葉をとつぜん思い出したりして、また気持ちだけは学生時代……。

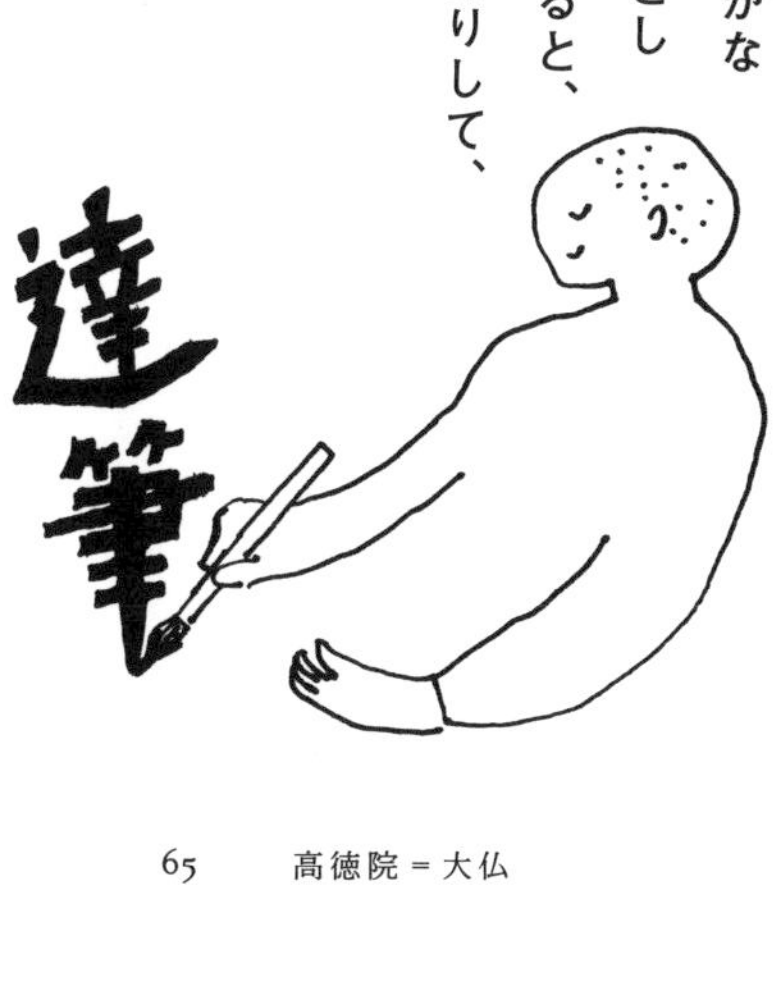

【＊3】
鎌倉では『七福神巡り』が代表的。浄智寺（布袋）・鶴岡八幡宮の旗上弁財天社（弁財天）・宝戒寺（毘沙門天）・妙隆寺（寿老人）・本覚寺（えびす）・長谷寺（大黒天）・御霊神社（福禄寿）の七社寺と、江ノ島弁財天（弁財天）を加えることもある。
関東の三十三の観音さまを巡る『坂東三十三箇所』では、鎌倉の杉本寺と長谷寺が第一番と第四番の札所である。観音さまを厚く信仰した頼朝が、京都周辺の『西国三十三箇所』にならって発願、実朝が札所を定めたといわれる。

LUNCH

お弁当は、たのしい

～おにぎりで、お寺がわかる？

子どもの頃食べたお弁当の味は忘れないもので、運動会や遠足には、干し椎茸の含め煮と、花形人参、卵焼き、それから海苔のついたご飯かおにぎりが、母の定番メニューでした。受験ではカツサンド。答案を書くそれぞれの席で、黙々と食べる不思議な光景。そんな中、前に座っていた山ザルのような男子は、暑かったのかまず靴下をビヨーンとひっぱって脱ぎ、椅子にアグラをかくようにしてお弁当箱を抱えていました。手足の長いヤセ形で、三科目の試験の間、二回の休憩で二回とも弁当完食。見ているとオモシロいのでキンチョーがほぐれ、おかげで大学に入れました（ありがとう大食いくん）。

大仏さまのヨコでお弁当を広げている子どもたちを見ていると、懐かしい情景をいろいろ思い出します。この子どもたちもいつか大人になったら、今この時の場面を思い出すのかなと想像して、ホノボノ。ところが、ほんの数百メートルしか離れていない長谷寺では、のんびりホノボノができません。長谷寺の休憩ベンチは、海に臨んだ「見晴らし台」。おにぎりから目を離して、スバらしい風景を見晴らしていれば、それは「どうぞ」のサインとなり、トンビが「どうも」と奪っていきます。

もしコロッケバーガーを机の上に置いておいたら、数秒後にはバサッという羽音がして、ハッと気づいた時には見事に下のバンズだけが残され【＊1】、ガックリキブンは晴れのち曇り。トンビのテクニックはブラボーもので、流血したという話は聞きませんが、接触はコワイので、食べものを取り出したらすぐに口に運ぶ方が賢明です。

お寺や神社によっては、茶店のあるところ、自由に飲食できる休憩席のあるところ、持ち込みはダメよという販売式休憩所のあるところ、飲食はまったく禁止というところもあり、それぞれルールが違います。以前、境内でおにぎりを食べられますか？と、鎌倉の三十くらいのお寺に電話をかけて尋ねたことがあるのですが、「特別な場所はないけれど、縁側かどこか場所を見つけてもらってどうぞ」と言ってくださる小さなお寺もあれば、ずいぶんゆとりのある空間なのに「そりゃ絶対にダメですね」というところもありました【＊2】。実際に足を運んでみると、ナルホド境内の雰囲気はそれぞれ違っていて、どちらの応対にも納得。ベンチのある・ナシなど、つくりの問題だけでなく、宗派としての考え方やご住職のお人柄など、お寺の個性がおにぎり一つの応対にも表れるように思います。ただしOKというところでも、二、三人の少人数で、ゴミは必ず持ち帰りを、というお話はどこも共通です。

【＊1】
以前葉山の海岸で、隣に座っていた人がお店の最後のコロッケバーガーをゲットしてウキウキ食べようとした直前、トンビによってバンズだけになったところを目撃した。

【＊2】
この本に載っている神社とお寺の場合＝長谷寺・銭洗弁天は休憩席、茶店ともにあり。大仏さまの高徳院・円覚寺はベンチでOK。茶店もあり。鶴岡八幡宮は持ち込み不可の販売式休憩所三か所と、源氏池前に小さなベンチ。甘縄神社は誰もいないので、ベンチや階段で。御霊神社はベンチがあるので、社務所の方に一声かけて。
◎ゴミは必ず持ち帰り、少人数で、場所をとらないようにというのが基本。

MYSTERY

わからないは、たのしい
～どこか遠くに、つながるところ？

『サンダーバード』の秘密基地は、島の中に隠されていましたが、『ハリー・ポッター』では、電車のホームの壁【＊1】や電話ボックスの下から魔法界がつながっていて、『ナルニア国物語』では、古い衣装ダンスや壁にかかった帆船の絵が、ナルニアへの入口でした。電脳メガネ【＊2】をかけた小学生たちが現実世界と電脳世界を行き来する『電脳コイル』【＊3】では、神社が、市のセキュリティプログラムの入れない特別なエリアになっていて、異次元の世界につながっていました。どれも奇想天外なのに、ひょっとしたら本当に……と思えるところが不思議です。

たしかに神社やお寺にいると、にぎやかな時はあまり感じないけれど、あたりがシーンとしている時に、なんだかゾクッとすることがあります。お稲荷さんの何本も連続する鳥居の奥や、ザワザワと揺れる木立の向こう側、お堂の中で仏さまを包んでいる暗がりなどに、なにかの気配、近づいたら引き込まれてしまうような何かがあるような気がします。建物やその土地に、一人の人間の生死をはるかに越える長い歴史があること、すぐヨコに墓地があることなどから、想像力が刺激されるのかもしれません。でも本当にどこか、

【＊1】ロンドンのキング・クロス駅9と3／4番線ホーム

【＊2】子どもたちの間で大流行のメガネ型コンピュータ。現実世界に重ねて電脳世界の情報が表示され、操作できる。

【＊3】磯光雄原作・脚本・監督作品。舞台は202X年。十一年前から電脳メガネが全世界に普及している。

【＊4】如来が大きく造られるのは、「如来はすべてを照らし、宇宙全体にあまねく存在する」という理由から。本来、如来の大きさは〝無限〟。

今いるところとは異なる世界〜生まれる前にいたところや、死んでしまってから行くところに、つながっているのだとしたら……。

その入口は、目立たないように、あるいは現実の世界をガブッと飲み込んでしまわないように、魔法界やナルニアの場合と同じように、ふだんは閉じられているのかもしれません。何かでフタをしてあるとか……たとえば、大仏さまが上からドッカと座って入口を塞いでいたりして。そもそも鎌倉の大仏さまは、誰によって何のために、なぜあの大きさで造られたのか【＊4】、またなぜ初めは木造だったのに数年後に銅造に造り直されたのかなど、資料も乏しくわかっていません。大仏さまは、ナゾだらけ。空洞の胎内は拝観できるけれど、その足下の地下がどうなっているかは知られていません。じつは新月の深夜、大仏さまは、わずかに十八【＊5】ミリ浮くという伝説〜はありませんが、地下に鶴岡八幡宮【＊6】へ通じる階段が発見されて〜というのも勝手なイメージですが、おだやかな表情とまるいラインでふだん優しそうに見える大仏さまも、正面に立ってしばらく下からジーッと見上げていてふと気がつくと、反対にうすく開けられた目の奥からジーーと見つめ返されているような……。ふだん気がつかないだけで、ほんの少し先にまったく異なる世界があるかもしれないと思うと、目の前にある風景がみな限りなく不思議なものになってきます。

【＊5】
十八は、阿弥陀如来さまにとって特別な数字。修行中に立てた誓いの十八番目は「念仏をする人々を必ず救済する」というもの。ここから「十八番」を「おはこ」と呼び、最も得意なこと、という意味が生まれた。

【＊6】
鶴岡八幡宮の「八幡神」はもとは「阿弥陀如来」で、同じ存在だという説がある。

修学旅行や遠足は、たのしい
～おせんべいか、おまんじゅうか！

　パタパタと小旗を立てて、鎌倉の町を大勢で行列して歩く人たちがいます。ほとんどが「歩け歩け会」のような、仕事をリタイアされたくらいの世代の人たちの趣味の集団。今どきの修学旅行や遠足の学生さんたちは、行列しないのですね。胸に学校名入りの小さな名札をつけた中学生や、リュックと水筒を背負った小学生たちは、たいてい四、五人のグループになって歩いています。おそらく集合時間が決められていて、それまで自分たちが相談して決めたところに、好きずきに向かうシステム。ところどころに先生が立っていて声をかけていたり、専属カメラマンが通りかかった子どもたちの写真を撮ったり、大人は少し離れて見守っている感じです。

　巡るルートもお財布も任された子どもたちは、キンチョーとコーフンでいっぱい。江ノ電に乗ろうという時に、切符販売機の前で何組ものグループがウロウロしていたりするとちょっと困るけれど、小町通りでおせんべいを食べるかおまんじゅうを食べるか【*1】を大声で議論し、八幡さまの目の前の脇道で「八幡宮はどこだー」と焦っている姿は、なかなかホホえましいものがあります。「まず鳩サブレー【*2】」とばかりにお土産に買いに走る子どもが多く、鳩の絵のついた黄色い袋を持った姿が

目につきます。そんな光景を見ているとふいに、私もン十年前に、たしか長野の林間学校のお土産に、なぜか鳩車を買ったな〜と思い出しました。今はどこへ行ったやら……。行列時代の私の修学旅行や遠足の思い出は、歴史遺産や風景より、なにを喋ってなにを食べたとか、夜起きてなにをしていたか、と友だちの記憶ばかり。それでも奈良の大仏さまの印象は強かった。友だち同士で計画を立て、歩いて回る今の鎌倉は、もっとたくさんの記憶を残しているかな。

　そんな自主性重視教育時代の子どもたちも、珍しく行列するタイミングがあります。大仏さまとの記念撮影。またウマイ具合に、境内の手前には幅の広い階段が数段あって、そこに並べば台を持ってくる必要もなく自然にヒナ壇状の列ができます。子どもたちと先生がずらずらっと二〜三列に並んだ奥に、最後列という感じで顔が出る大仏さま。バッチリ決まった構図を見ると、そうコレコレ！と手を叩きたくなります。おそらく修学旅行の記念撮影としては、最高のバランスです。東京に宿泊して鎌倉までは日帰りでやって来る外国人観光客も、団体バスでゴッソリやって来るのですが、そういえば集合写真を撮っているのは見たことがありません。撮ればいいのにな、ジャパニーズ・スタイルの記念に。

【＊1】
オススメは、小町通り一つ目の角右手にある小さなショーケースだけの「亀屋」。みたらしだんご or 薯蕷まんじゅう百円。十五時頃には売り切れてしまう。おせんべいは「壱番館」の店頭で炙っていて、醤油の香りが誘う。ポリポリ豆菓子の「まめや」は種類いろいろ、お気に入り探しが楽しい。長谷に本店。

【＊2】
若宮大路に本店を持つ豊島屋の看板商品。１８９４年（明治27年）創業から数年後、来店した外国人から初代店主がもらった掌サイズのビスケットに触発されて考案された。鳩は鶴岡八幡宮の神さまの使い。

神社やお寺を歩くときに、こんなことも知っているといいかもしれない基礎知識

神さま

いつも自然に手を合わせて
拝んでいるけれど
あらためて、
神さまってナンですか？

1 はじめは、バラバラ

神さまを祀り・祈ること全体を「神道」、神さまを祀る場所を「神社」といいます。日本の風土から自然に生まれたもので、仏教が入ってくるまでは、特に一つのものとしてまとめたり、整理して考えられていませんでした。

2「よくわからないけれどいい」でいい

神さまって何？を説明するのはムズかしい。鎌倉時代に西行法師も、伊勢神宮にお詣りして「なにごとの　おはしますかは　知らねども　かたじけなさに　涙こぼるる」と詠んでいます。よくわからないけれどいい、でいいのですね。

3 すごいなぁ！は、みんな神さま

江戸時代の国文学者＝本居宣長によると、神さまとは「世の常ならず、すぐれたる徳（こと）のありて可畏（かしこ）きもの」＝すごいなぁ！すばらしいなぁ！と思うものは、日本ではみんな神さまになり得る。そうして、八百万の神々が生まれました。

4 神さまを、ザックリ分類

八百万の神さまの中も、大きく分けると、神話の世界の神さま、その中でも天皇のルーツとつながっているとされている神さま、神話とつながっていることの多い自然の神さま、人間だった神さま、動物の神さまなどがあります。

5 神社は木から、はじまった

神社にとって木は特別なもの。神さまは一柱二柱と数えます。神社の建物（社《やしろ》）が建てられる以前は、もともと神さ

まの霊が下りるとされる御神木を中心に、祭礼が行われていました。木は日本の神社の、いわば原型。

仏さま

日本では国を守るものとして受け入れられ、一人一人を救うものとして広がりました。

1 みんなを救うために

仏教は、正式ルートでは五三八年（or五五三年）に百済王の使者によって伝えられた宗教。さまざまな流派の中でも日本には「大乗仏教」が入ってきました。苦しみの中にある生き物すべてを救おうという考え方で、仏さまの種類もたくさんです。

2『如来』は、最高！

仏さまの中で、悟りを開いた最高の存在が『如来』グループです。代表的な四如来は、仏教を開いた実在のお釈迦さま【*1】の「釈迦如来」と、お経（仏教ストーリー）で誕生した「阿弥陀如来」「薬師如来」「大日《だいにち》如来」。

3『菩薩』がめざすは、如来

如来をめざして修行しながら、人々を救う働きをするのが『菩薩』グループ。「弥勒《みろく》菩薩」「観音菩薩」「文殊《もんじゅ》菩薩」「普賢《ふげん》菩薩」など。お地蔵さまも仲間で「地蔵菩薩」。

4『明王』は、怒っている

密教【*2】の中で考え出された、如来・菩薩に次ぐグループが『明王』。やさしくしていては、言うことを聞かない困った人たち（＝ワレワレ）を救うために、こわい顔をしています。有名なのは「不動明王」「愛染《あいぜん》明王」。

5『天』の出身はバラバラ

四番目が『天』のグループ。仏教界のガードマンとして働いています。古代からインドで信仰されていた神さまが仏教に取り入れられたため、姿やカタチ、名前もバラエティに富んでいます（「〇〇天」だけではない）。

【*1】
お釈迦さま＝釈迦牟尼（しゃかむに）の略。釈迦は部族名、牟尼は聖者・修行者の意味。正確に本名で言うと、シャカ族のゴータマ・シッダールタ。

【*2】
密教＝インドの古いバラモン教や新しいヒンドゥー教の考え方や修行法を仏教に取り入れた流派。最高仏は「大日如来」。

神さまと、仏さまの関係

時代によって変わってきたけれど、切っても切れないフクザツさ。

1 神さまに影響された、仏さま

仏教は、インドで土着の神さまを取り込んでいったように、日本でも、山川草木土すべての自然に神が宿るという神さまに対する考え方を取り込んでいきました。あらゆるものが仏になる、すべてが神であり仏であるという発想。

2 神社とお寺のパートナー

八世紀に入ると、神社とお寺がペアになる動きが現れます。同じ山にあるものや、お寺に関係のある神さまが、守護神・鎮守として組む。興福寺と春日大社、東大寺と宇佐八幡神、延暦寺と日吉大社などが代表的。

3 仏さまが、神さまに変身する？

平安時代、仏さまと神さまの関係を整理するため「本地垂迹説（ほんじすいじゃくせつ）」が生まれました。神さまは、本地（本来の）仏さまが人々を救うために現れた仮の姿であるというもの。鎌倉時代末期には、その逆の「神本仏迹説」も生まれます。

4 タトエバ？

八幡神は、「八幡大菩薩」という仏名（仏号）でも呼ばれ、国や仏教を守るとされてきました。さらに「本地垂迹説」によると本当の姿は阿弥陀如来。ちょっとややこしいけれど、「鎌倉大仏（阿弥陀如来像）＝鶴岡八幡宮の神」という説もある。

5 「いろいろある」が日本式リアリティー

「神はあるもの」「仏はなるもの」【＊1】。神さまには存在そのものを肯定する母性が、仏さまには努力して到達しようという父性がある。そのいろいろな面を現実に合わせて敬い、拝んできたところに、日本式リアリティーがあります。

【＊1】
鎌田東二著『神と仏の出逢う国』より

第四章

甘縄神明神社
鎌倉最古の鎮守のもり

◎正式名称　甘縄神明宮
（あまなわしんめいぐう）
◎祭　　神　天照大神
（あまてらすおおみかみ）
◎創　　建　奈良時代の和銅３年（710年）僧の行基が草創。豪族染谷時忠が建立したといわれている。

◎御 利 益　家運隆昌、国土安泰
◎例　　祭　9月14日（神幸祭　9月14日に近い日曜日）
◎境 内 社　五社明神、秋葉社
◎アクセス　江ノ電長谷駅から徒歩5分

Let's go to Amanawa-Shinmei Jinjya!

甘縄神明神社への、おすすめルート&ガイド

1

「長谷エリア」には、甘縄神社と御霊神社の二つの神社がありますが、どちらも賑やかな道から少しはずれた、小さな神社。それぞれのぞいてみましょうか。ではまず、鎌倉では最古の神社といわれる甘縄神社へ向かう場合。

江ノ電長谷駅から信号までは、長谷寺・大仏さまに行く時と一緒です。改札を出たら目の前の道路（県道32号線・長谷通り）を右へ行くと、すぐ一つ目の信号が「長谷観音前」。そこから長谷寺は交差点を左へ、大仏さまへは真っ直ぐですが、甘縄神社へは、交差点を渡ってから右へ行きます。通りの名前は「由比ケ浜通り」。ずっと行くと鎌倉駅の南エリアに至る道です。由比ケ浜通りを二分くらい歩くと、左側に鎌倉彫の老舗「陽堂」【＊1】があります。その角を左に曲がって突き当たりが甘縄神社です。でもその前にちょっとだけ、寄り道。

2

由比ケ浜通りをもう少しだけ歩くと、長いのれんが目印の『するがや本店』があります。その日の気分で……夏季なら「水まんじゅう」を、おトモにするのもいいかもしれません。水筒のお茶もあるといいですね。

陽堂まで戻ってきて角を曲がると、住宅街の道の先に、鳥居が見えます。この石の鳥居、色や材質だけでなく、なにか鶴岡八幡宮とは違うカタチ……と思った

【＊1】
1606年創業。もとは仏像を作る仏師の家系で、伝えられた技術を茶道具・日用品に広げてきた。

ら、上から二本目の横木（貫《ぬき》）が左右の柱から出ていません。左右の柱は地面からまっすぐ垂直。これは「神明鳥居《しんめいとりい》」と呼ぶそうで、甘縄神社の正式名称「甘縄神明宮」の「神明」とつながります【＊2】。

　鳥居のヨコにある石碑は「足達盛長邸址《あと》」。ご近所に、安達（足達）盛長【＊3】という武将の家があったことを示しています。盛長は源頼朝が流人の身で反平氏の兵を挙げた時からの、貴重な家臣。デビュー前の下積み時代から支えてくれた、信頼できる盛長邸には、頼朝も政子も息子実朝も、時々甘縄神社にお詣りがてら立ち寄ったとのこと。鶴岡八幡宮ではビシッと決めねばならぬ頼朝も、ここではホッとできたのでしょうか。

2

鳥居を背に、石畳を進むと石段があります。スーッと伸びるまっすぐライン。石段も整っていて、端正で、鼻筋の通った美人の印象です。珍しい木やあでやかな花などはなく、化粧気のない涼やかさ。おそれながら「スッピン美人式境内」と呼ばせていただきます。

　石段に向かって右手には毎年例祭にくり出されるおみこしの蔵があり、左側には、北条時宗【＊4】が産湯にしたという井戸。現代と鎌倉時代をつなぐポイントを左右に見て、さて、石段をのぼります。広い下の境内から木の生い茂った森の入口に向かうようです。

4

上の境内に来ると、夏はヒンヤリ。体感温度が変わります。正面に拝殿。その奥、後ろの山

【＊2】
「神明」とは、天照大神のこと。「○○神明宮」「○○神明神社」という名前は、祀っている神さまが天照大神であるというしるし。おおもと（総本社）は伊勢神宮の内宮。

◎神明鳥居

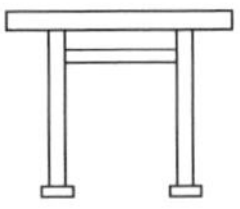

【＊3】
安達氏は、のちに執権（幕府のリーダー）となった北条氏と代々婚姻関係を結んで、鎌倉末期までつづいた数少ない家柄。

【＊4】
1251―1284年。二度の元寇を退けて円覚寺を建てた、鎌倉幕府第8代執権。祖母は安達盛長の孫。時宗は、安達邸で産まれた。

に守られるように、神さまのいらっしゃる本殿があります。拝殿の屋根にも「神明造《しんめいづくり》」という特長があって、屋根の上に五本の木が飛び出ていたり、左右の端がバッテンになっています【＊5】。

チャリン、ガランガラン〜、パンパン！　誰もいない時は、キッチリふかぶか二礼二拍手一礼【＊6】。どうも鶴岡八幡宮のように大勢の人に囲まれている時には、慌てぎみ、気恥ずかしさもあってハショリぎみのお詣りになりますが、誰もいない境内では、九十度の角度まで思う存分「礼！」清々しくお詣りした〜と自己満足してふり返ると、あ、一人の少年が境内のスミで写生をしています。九十度女に気づいたでしょうか……いえいえ彼は、集中している様子。ではおジャマしないよう境内を巡ります。

狛犬は、モモのあたりから筋肉のついた凛々しい体型。タテガミの少ない小型ライオンといった風格です。しかし、拝殿に向かって左の狛犬は「あ・うん」の「うん」のハズですが、ずいぶん歯をくいしばっています。鶴岡八幡宮の石段下の狛犬も「あ・いーん」型ですが、こちらの「いーん」は上下両方奥歯まで全歯がハッキリ見えます。ナゼここまで「いい

【＊5】
タテに飛び出た木は鰹節に似ているので「かつお木」といい、両端の交差した木を「千木（ちぎ）」という。

【＊6】
二拝二拍手一拝ともいう。
（→P.126）

いーん」？　ウルサくならないよう「シ～イイーン」と言っているのでしょうか。

5

　拝殿の右奥には境内社、火防の神さま「秋葉社」があって古い石段がつづいています。転んで写生少年に助けを求めることにならないよう、足元には気をつけて。もう一度拝殿の前まで降りて来たら、石のベンチで一服しましょうか。水まんじゅうが、のどをツルルン。お茶をゴクリ。眼下に海【＊7】が見えます。夏は葉が茂って涼しい境内。冬は葉が少なく視野が広がります。

　こんなに小さな神社ですが、もとは「甘縄寺神明宮」といって寺もあり、奈良時代の創建者は地元の豊かな有力者、染谷時忠が、当時のヒーロー僧侶、行基《ぎょうき》【＊8】の助けを借りて建てたとも言われています。また、頼朝の五代前の、源頼義が子どもを授かる【＊9】など源氏にも、縁の深い神社だとか。立派ないわれもたくさんありますが、毎年お祭りを盛り立て、初詣に手を合わせ、甘縄神社の歴史を繋いで来たのは、やっぱり近くに住む人々。甘縄神社は千三百年以上もずっと、ご近所さん【＊10】の神社です。

【＊7】
「甘縄」は昔の地名だが、「甘」＝海人（あまんど）・海女（あま）、「縄」＝漁の縄のことで、海に由来するといわれている。

【＊8】
668－749年。全国を歩き回って橋をかけたり、用水路の治水工事を行い、田畑を切り開くなど民衆のために働いて、とても人気があった。奈良の大仏建立では、聖武天皇が、協力を頼んで力を借りている。

【＊9】
源頼義（988－1075年）と妻が甘縄神社に祈願したところ、息子義家を授かったという。頼義は、鶴岡八幡宮の前身「由比若宮」を創建した重要人物（→P.11）。

【＊10】
川端康成は1946年から甘縄神社のそばに住んだ。小説『山の音』の美しい自然描写は、神社周辺の情景といわれる。

What's KOMAINU?

勉強は、たのしい②
～狛犬って、ナニ？

甘縄神社の狛犬くんへ

狛犬くん、いつも外で神さまをお守りしていて、大変ですね。右側の狛犬くんはよく陽が当たるけれど、熱くないですか。あなたの口は「あ」の形。「阿吽《あうん》」【＊1】の「阿形《あぎょう》」と呼ぶそうですね。左側の狛犬くんは、いつも茂った葉に光を遮られ、寒くないですか。あなたの口は「吽形《うんぎょう》」で「うん」担当のはずなのに、どうみても「いーん」ですね。それでは二匹合わせて「あいーん」ですよ。大丈夫ですか？ 実はあなたの表情に気づいてから、私は狛犬ってオモシロいなあと思い始めたのです。鎌倉狛犬巡りの最初のきっかけです。それでいろいろ調べてみましたよ。すると、左側のあなたは、ほんとうは「獅子」くんなのだそうですね。二匹合わせて「獅子狛犬」。鎌倉では見かけないけれど、もともと獅子くんには、ユニコーンのようなカッコイイ一角があったのですね【＊2】。

狛犬の「狛」は、朝鮮半島にあった「高麗国」をコマと呼び、〝外国から入ってきたもの〟という意味も表す言葉だと知りました。なぜか、日本に来てからは神社を守ることになって【＊3】、それでいて口は、お寺の門を守る仁王さまと同じように

【＊1】
仏教の呪文（真言）の一つ。阿は口を開いて最初に出す音。吽は口を閉じて出す最後の音。ものごとすべて、宇宙の始まりと終わりを表す。

【＊2】
日光東照宮では、木造、石造、銅造のユニコーン一角型獅子狛犬に会える！

【＊3】
中国では仏教寺院を守っている。たとえば映画『少林サッカー』を観ると、少林寺の門前に左右とも「あ」の口の狛犬くんがいる。

【＊4】、「あ・うん」に開閉。「あ」と「うん」の間には「気」が流れているというから、まるで宝物を守るレーザービームですね。江戸時代より前は、外ではなく、拝殿の奥に小さな陶製や木製のものがひっそり置かれていたのだとか。狛犬くんにも、いろいろ事情があるのでしょうね。狛犬くんの代わりに、神さまのお使いのサルくんやキツネさん【＊5】がいる神社もあるけれど、狛犬くんたち動物がまったくいない神社もあるから、そのワケを知りたくて調べているのですが、なかなか答が見つかりません。狛犬くんたちは知っていますか？　あ、狛犬くんの返事はすべて「あ・うん」でしたね。それとも「あ・いーん」？　それは「あ、いいえ」に聞こえますね。

鎌倉の狛犬くん仲間に会ってきましたが、持ち物も、姿や大きさもいろいろですね。中でも、子ども狛犬くんはカワイイです。そういえば甘縄神社の狛犬くんたちは、手ぶらですね。それに、筋肉質で姿勢がいい。ヨーロッパのライオン【＊6】に近い印象です。狛犬くんのご先祖さまは、インドの王宮を守っていた獅子像で、ヨーロッパのライオン像も親戚だとか、もっと古いルーツは古代エジプトのピラミッドを守るスフィンクス像だとか言われていますが、本当ですか。でもムズかしいことを考えなくても、旧石器時代から、犬は人間のそばで番犬になってくれていたというから、神さまを守るには、犬みたいに律儀で、ライオンみたいに強い動物がいいんじゃないかと考えるのは、自然な発想かもしれませんね。少し長くなってしまいました。狛犬くん、ではまた近々会いに行きます。お元気で、さようなら。

【＊4】
仁王さまも右側が阿形、左側が吽形の口をして、邪悪なものが入らないよう門を守っている。

【＊5】
比叡山の日吉大社にルーツをもつ山王信仰の神社は、サルを神の使いとすることが多く、稲荷神社では、キツネを神の使いとして像を置くところが多い。

【＊6】
閉店した池袋三越デパートのライオン像は、現在向島の三囲（みめぐり）神社の境内で会える。

KOMAINUS in KAMAKURA

鎌倉代表！狛犬10

鎌倉で会える狛犬くん。ふつうの狛犬だ……なんて思っていても、よーく見ると、アレ、毛の流れも目つきも体つきも、持ち物も、みんなそれぞれ違います。もともと「獅子狛犬」と呼ばれていたペアが、お父さん・お母さんのようになっていたりして、他の狛犬くんはどうかな？と気になります。ご近所には、親戚のように似た狛犬くん、いませんか？

※おすわりの姿勢は犬系のものとし、全身に柔軟性の表れたものをネコ系。タテガミとキバを持つものをライオン系とした。
※アイーン種は奥歯までハッキリ見えるものとした。

1 躍りニラミ

【三嶋神社】
◎小型ネコ系
左は毬・右は子持ち・首ひねり正面向き。目つきがちょとコワイ。全身フサフサの直毛は「獅子狛犬」の獅子側のDNA。

2 海辺のブル

【小動《こゆるぎ》神社】
◎小型ブル犬系
手ぶら・ひねり斜め向き。ホオかむりの赤い手拭が海風と陽で焼けている。短い前足がきちんと揃っていてカワイイ。

3 おかっぱ狛さま

【梶原御霊神社】
◎小型ネコ系
左は子持ち華麗なる花くわえ狛さま・右は子沢山。首ひねり正面向き。前髪は左（獅子）が直毛、右（狛犬）がカール。

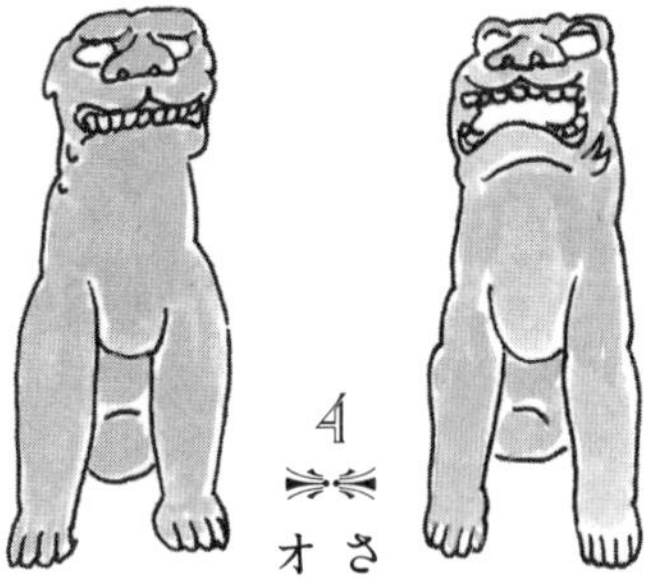

4 さっぱりオニガワラ

【鶴岡八幡宮境内】
◎中型忠犬系
手ぶら・正面向き

アイーン種。かつて階段上にあり対面式だった。大銀杏は、この狛犬くんを避けるように倒れた（涙）。

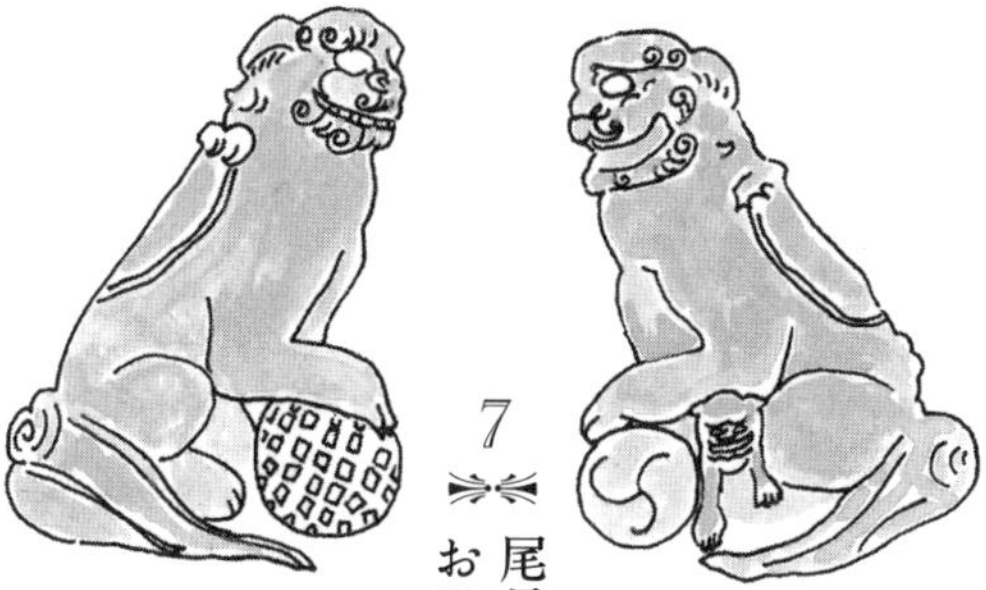

7 尾長おじさん

【御霊神社内 石上神社】
◎小型犬ネコ系
右は子と毬・左は毬持ち・ニラメッコ対面式。かなり上体が起きていて腰が据わり、前足の自由度はサルを思わせる。

5 大耳の長老

【八坂大神】
◎中型犬系
手ぶら・左はひねり正面向き・右は空を見上げている。前髪は初期のビートルズ風。とんがり頭とヨコ広の大耳が宇宙人（犬）風。

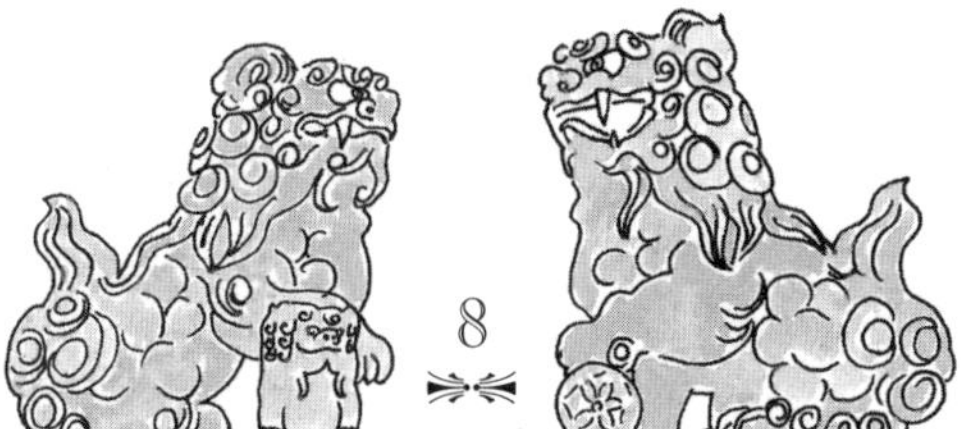

8 ゴージャス・カール

【龍口明神社】
◎中型ライオン系
左は子ども・右は毬持ち・ニラメッコ対面式。毛質のカールは「獅子狛犬」の狛犬側DNA。全身くるくる多毛。

6 ほのぼのブラザーズ

【厳島神社】
◎小型犬系
手ぶら・ニラメッコ対面置き。アイーン種。大きなヨダレかけがトレードマーク。前から見ると顔がヨコ長で、愛嬌いっぱい。

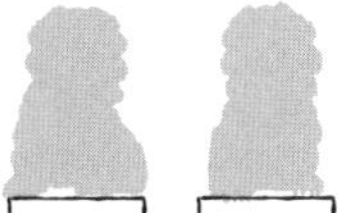

P.10－P.11の狛犬

9 ほがらか二頭身半

【鶴岡八幡宮 二ノ鳥居】
◎巨大ネコライオン系
手ぶら・正面向き。1961年生まれ。二頭身半のドラえもんに近い頭の大きさと丸っこさで、ほのぼの穏健派に見える。

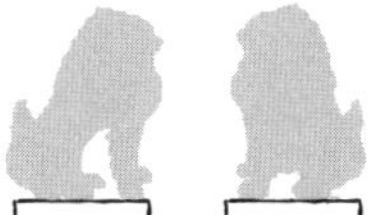

P.82－P.83の狛犬

10 ただしい筋肉美

【甘縄神社】
◎中型ライオン系
手ぶら・ニラメッコ対面式。アイーン種。ひきしまった腹筋に、見事な胸筋。仁王さまの仲間を思わせる。

What's OMIKOSHI "Portable Shrine"?

勉強は、たのしい③

～御神輿（おみこし）って、ナニ？

鎌倉では、お盆を過ぎた頃から毎週のように、どこからかお囃子の音が聞こえてきて、おみこしがくり出します。かけ声は、「ワッショイ」よりちょっとノンビリした「どっこいどっこい」が主流［＊1］。にぎやかな多重音声が近づいてくると、〝美空ひばりのとなりのオジサン〟ほどでなくても［＊2］、ハダシでかけてくサザエさん気分。だから初めて八幡さまのおみこし行列が見られるという時にも、いつものように、アドレナリンの準備は万端でした。ところがやってきた立派なおみこしを担いでいるのは、ハッピ姿のイナセなお兄さんではなく、烏帽子に白装束の氏子たち。かけ声もなく揺らさずソーッと通り過ぎていきます［＊3］。沿道にいる人は手を合わせて見送る厳かな神事で、正直、あれ？　という感じでした。「おみこしなのに……静か？」

でもコレは、私の思いこみでありました。おみこしを英語で言うとポータブル・シュライン、携帯神社。八幡さまのおみこしも、他のおみこしも、これまで撮ってきた写真をよく見てみると、ありました、ありました、小さな鳥居が四ヶ所に。おみこしはコンパクトな神社なのだ、と思えば、ソッと大切に運ぶのも納得です。

【＊1】
「どっこい どっこい どっこいそーりゃ」というかけ声は、湘南地方を中心に伝わる「どっこい担ぎ」。

【＊2】
美空ひばりの代表曲『お祭りマンボ』の詞に登場するオジサン。火事が近いと言われても、おみこしに夢中で、家を焼かれてしまう。

【＊3】
天皇を乗せたおでかけ（行幸）を模しているので「王朝型神幸祭」と呼ばれる。

【＊4】
支配を強める朝廷に対し、独立を望む「隼人族（はやとぞく）」が大隅・日向国（鹿児島・宮崎県）で抵抗。戦闘力にすぐれた隼人の抗戦は長くつづいた。

おみこしは、七二〇年に奈良の朝廷軍が南九州の反乱「隼人の乱」【＊4】を抑えるために、宇佐八幡宮【＊5】の神さまの力を借りようと御霊を輿《こし》【＊6】に移して出陣したのが最初のおみこし。さらに七四九年、聖武天皇が国家の意地をかけて行った奈良東大寺の大仏建立プロジェクトの大詰めに、ふたたび宇佐八幡神が応援隊長として担ぎ出された時のデザインで、おみこしの基本形【＊7】が決まったと言われています。

静かな平行移動のおみこしに対して、かけ声も賑やかに揺するおみこし【＊8】は、山・水など自然の神さまであることが多く、振れば振るほど神さまは目が覚めて人々の願いは叶うとか。「ムニャ……ナ、ナニ?!ああ、また今年もアレか？願い事か。はいはい、わかったから叶えてやるから〜」と勝手に神さまをイメージ……。

ただ担ぎ方は違っても、どちらのおみこしも、その重量はヒミツでした。「キミ、体重何キロ？」とレディーに尋ねることがシツレイなように、いわんやをや、おみこしの重量を尋ねることは、神さまの重さを尋ねること。口に出すなんて、ハバカられることでした。でも今は、おみこしだってネット注文できる時代。重量、価格までオープンで、木組みの技術、彫り、飾り、塗り、それら伝統の職人芸の集大成が、なんとポルシェ1台よりも……?!　いやいや、こういうものはやっぱり見ない方がいいですね……夢が消えたら、あとの祭りよ。

【＊5】
全国で二番目に多い八幡神を祀る神社（八幡宮）の、おおもと（総本社）。ロウソクの火を移すように、宇佐八幡神から分霊していった。→石清水八幡宮→鶴岡八幡宮など。
◎全国一多い神社の神さまは、稲荷神。

【＊6】
身分の高い人を乗せ、人が担いで移動する乗りもの。

【＊7】
天皇が乗る輿と同じ、屋根に鳳凰のついたデザイン。古来中国では伝説の鳥「鳳凰」が飛ぶと、乱世を救う聖人が現れるという言い伝えがある。

【＊8】
「日吉型渡御祭」という。平安中期に、比叡山延暦寺の僧たちが朝廷に訴えを起こす時、守護神の日吉大社のおみこしを先頭に立てて激しく振ったことがはじまり。

DISCOVERY

鳥居は、たのしい

〜気づかないことが、まだまだたくさん！

「鳥居」は神社のシンボル。神社の前に、二十四時間カタチを変えず、あたり前のように建っているので、あらためて鳥居はどうして鳥居というのか【＊1】とか、どんな意味があるのか【＊2】、どこから来たのか【＊3】、と考えるコトがありませんでした。でも甘縄神社の鳥居は、パッと目に入った瞬間から、何か違うぞと感じるものでした（→P.79）。見慣れないカタチ。今までだって、きっといろいろな種類の鳥居を見ていたはずなのに、お稲荷さんのようにたくさん並んでいるかどうか、大きいとか小さいといったこと以外に、気づいたことがありませんでした。鳥居にはどうやら鶴岡八幡宮のような鳥居【＊4】もあれば、そうでないものもある【＊5】と知った時、はじめて〝鳥居を意識して見る〟ようになりました。木の組まれ方、木や石などの素材、朱塗りか塗りナシかで、「これは甘縄タイプ」「あれは八幡さまタイプ」「それはなんだ？」とシロウト分類。意識すると、なんだか鳥居というものが、ガゼンありがたいものにも、不思議なものにも感じられてきます。気のせいだとは思いつつ、鳥居をくぐると、目に見えない何かで浄化されるんじゃないかと（まるで食品工場に入る時に、ジェット噴射で全身が消毒されるような）鳥居パワーまで想像してしまいます。

【＊1】
鳥の止まり木「鶏居」を語源とする説や、「通り入（い）る」から転じたという説がある。

【＊2】
人間の住む俗世界と、神さまの聖なる世界の境い目＝結界の目印。

【＊3】
中国の雲南省やミャンマーとの国境付近に住むアカ族の、村を守る木組みの門パトォー・ピー（精霊の門）が、鳥居によく似ている。稲の原産地から辿った場合の日本人のルーツも、その辺りに行き着くらしい。

いつもそこにあるのに意識していないものほど、実は奥が深くてオモシロいものかもしれません。自然の光もまた、その一つ。記憶に残るのは、映像を制作する仕事で、雪上に人物が立っているシーンを撮影した時のことです。スケジュールと予算の都合でロケが組めず、カメラマン・照明・美術のスタッフが相談しながら「スタジオの中で自然の光を作る」現場に立ち会いました。ストーリーを考える立場にいたので、ただヨコで見ていることしかできなかったのですが、それは想像以上の試行錯誤と長時間を要しました。ふだんは大胆に見えるボスのＨ氏が別の仕事先から心配して電話をくれ「自然の光ほど、多彩なものはないからな」と繊細に語った通り、見ると照明チームは、大小さまざまなライトや鏡を使って、実にあちこちの方向から、あちこちの方角に向けて、乱反射する光の世界を創っていました。映像で見たらただ「あ、雪の中だ」と思うだけの白っぽい光。その光を再現することが、どれほど複雑な作業か。自然の中で、光源はたった一つの太陽だけれど、数えきれないさまざまなものにぶつかりながら、反射しながら届いているのだなあと、この時はじめて意識しました。雪の反射はなおさら複雑で多彩で、だからこそ雪にかこまれた世界は明るくやわらかく、きれいに見えることも。

いつも変わらない佇まいの神社やお寺。でもそこに、自然の光のように、ふだん目にしているのに気づいていないものを発見すると、その姿がさらにまた、キラキラとまぶしく新鮮に見えてくるのです。

【＊4】
「明神鳥居（みょうじんとりい）」という。もっとも一般的な鳥居のカタチ。上の横木は、わずかに反った笠木と島木の二枚重ね構造。下の横木（貫）は左右の柱の外側に貫き出ている。

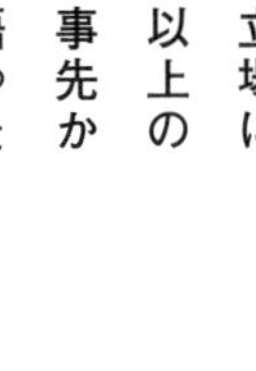

【＊5】
神明鳥居タイプ（→P.79）の他に、多いのは中山鳥居（明神鳥居と似ているが、下の横木が左右の柱の内側におさまっている）、山王鳥居（明神鳥居の上部に屋根のような三角形の木組みがある）など。

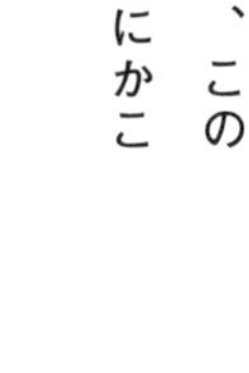

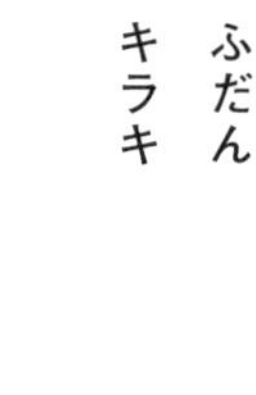

ADVENTURE

探検は、たのしい①

〜神社でソーナン？

甘縄神社の「あいーん・ライオン」を見てから、いろいろな狛犬くんに会いたくなって、神社を探しました。初めに、通りかかった記憶のある神社の狛犬くんをリスト・アップ。さらに鎌倉の神社ばかりを集めた本や、雑誌の記事、ガイド本などを開いて行ったことのない境内の写真をチェック。その中から会ってみたいと思う狛犬くんの神社をピックアップして位置を調べ、アクセスを考えました。

鶴岡八幡宮周辺と、長谷の周辺を離れると、神社はたいてい住宅地の中にあって、小さなものが多く、観光スポットではないために標識も出ていないことがほとんど（と、後でわかりました）。そういう場合、きちんと住所を控え地図を携帯して、いざ探索にでかけるのがセオリーだと（今になって）思うのですが、ついついノリと勢いでつき進むサガゆえ、予めカンタンなリストを作ったのですが、これがなかなか大雑把。周辺に標識が出ているだろう、行けばわかるさ〜とアントニオな感覚【＊1】でした。このカンタン・リストとカメラだけは鞄にいつも入れて、「ちょっと時間ができたから、今からあの神社に行ってみよう！」と、ふいに思い立っては行動を起こし、

【＊1】
「この道を行けばどうなるものか、危ぶむなかれ。危ぶめば道はなし。踏み出せばその一足が道となり、その一足が道となる。迷わず行けよ。行けばわかるさ」（アントニオ猪木引退宣言より）

その結果……神社を甘くみていたつもりはないのですが、危うく何度かソーナンしそうになりました。古典的で恐縮ですが、ソーナンですホントウに。

一番コワかったのは、梶原の御霊神社【＊2】に辿り着くまでの道程。カンタン・リストには、湘南モノレールの〝湘南深沢駅から3分〟と控えてありました。3分なら駅の近くに標識が出ているだろうと思ったのですが、ナイ。交番も見つからず、ウロウロ。それならばと、〝神社の気配がする方向へむかって〟歩きました。今こうして書いてみると、ワレながらアホじゃなかろうかと思うのですが、その時は本気で……駅から3分圏内の、木や緑の深いところを探しました。一巡り歩いたあたりでアレ、見つからないぞと脳天気に思い、〝親切そうな人〟の姿が見えた、あるお店に入りました。ご近所さんならきっとご存知かなと尋ねたところ、おぼろげながらの記憶しかないとのこと。しかし親切という点はビンゴで、その方はわざわざ仕事の手を休めて地図を開き、「あ、そうそうココだ」と確認された上で、たしか入口が分かりにくいからと、わざわざ2分くらい一緒に歩いて送ってくださったのです。

お礼を言ってお別れして、さて一人で歩き進みました。ただ、さっきの親切な方がふと発した言葉がひっかかります。「そのクツだと、ちょっと大変かもしれませんん……」。この言葉の本当の意味がわかるのは、それから数分後のことでした。（つづく）

【＊2】
鎌倉には梶原と坂ノ下（→P.95）の二つの御霊神社がある。

ADVENTURE

探検は、たのしい②
～すぐ近くにある、ドキドキ！

夏なのでサンダル。歩きやすいタイプなのでダイジョウブだと思っていたのですが、たしかにその道は、住宅地によくこんなトコロがありましたね！　というような裏山への入口でした。進むほどヒト気がなくなり、ザワザワと生い茂った葉が揺れるばかり。上り坂になってきて、だんだん足下はケモノ道、道なき道へとなっていき……アッ！　やっと少し開けたところに来たかと思ったら、それは古い墓地でした。

時刻は夕方四時頃で、八月の太陽も傾きかけていました。墓石はどれも古いもので、誰かがお参りをしたような気配はまったくなく、ボウボウにのびた草に埋まるように立っています。それでも、鳥居はまだ先にあるのかな、奥に行ってみなきゃ、とまた薮の中に足を踏み入れたところ、道があったらしき場所に木が横倒しになっていて、先に進むコトができません。ハッと顔を上げて見回すと、今来た道もハッキリと見えず、目印になるものもなく、前後左右がわからなくなりました。マズイ。この時ようやく、ココは梶原の御霊神社に向かう道ではナイとハッキリ気づきました。親切そうな人に教えてもらったとはいえ、そういえば、標識も何も出ていなかった（まだ標識があると思っていた）ではないですか。ほんの少し前までは家やお店が並ぶふつうの町だったのに、今聞こえてくるのは木がザワザワと揺れる音だけ。見えるのは、ボウボウの草木と墓石と空だけ。ココから私がいくら叫んでも、誰にも届かないに違いありません。そう思ったとたん、一気に体温が下がる気がしました。無事に帰れるだろうか……転んで動けなくなったらどうしよう……木陰から動物に襲われたら……昔話でもヤマンバ【＊1】は初め親切だったし……あの人ホントウはこの山のタヌキだったのでは～と、もう考える必要もナイことまで考えはじめて、来た道を慌てて探しました。あぁヨカッタありました。なんとか下山に成功！

その後、さっきのお店の前には行かないようにして別のお店のオジサンに尋ねると、「あー小学校の正門の方に行ってごらん」とのこと。横に建っていた学校の壁に沿って行くと、あっけなく梶原の御霊神社が見つかりました。なんだか不思議。位置関係から考えて、さっきの山は御霊神社の背後にあたり、入口こそ違え、距離はとても近かったのです。境内では、花をくわえた可憐な狛さまにも会えて、一安心。あらためて、帰宅後グーグルしてみる【＊2】と、たしかに私がソーナンしかかった山の部分は、等圧線だけが書かれていました。大きさは隣の小学校の敷地より少し大きいくらい。もしあのまま突き進んでいても、数分で町に降りられたようです。山

【＊1】
山姥。山奥に住む日本の妖怪。老女の姿をして山に住み、人を食らう。

【＊2】
インターネット上の情報を、米国グーグル社（Google）のシステムで検索すること。「ググる」ともいう。

の四方には東西南北を囲むように、梶原の御霊神社の他に三つのお寺が置かれていて、この小さな山は、切り開くことのできない神聖な土地だったに違いありません。お騒がせして、申し訳ありませんでした。

梶原の御霊神社の後は、住所も控えるようになりましたが、それでも地図には載っていないところもあり、木に埋もれた鳥居を見逃したり、やっぱり入口が見つからなかったりと、探検はつづきました。多くの神社は、住宅地の中でも、ふいに小高くなっているところにあり、上ってしまえば視界は広いけれど、案外下からその場所はわからないのです。境内で人に会うことはマレで、圧倒的に私よりも私以外の生物が多いという状況では、セミの集団絶叫に耳をおさえ、猛蚊のいけにえになりながら、ヒッチコックの『鳥』【＊3】のような、さらにヒドイ襲来を想像してドキドキしました。でも、目標地点に到達できた時の喜びはひとしおで、思いがけず海が見えて感激したり……狛犬くんは、そんな私を見ても、やっぱり「あ、うん」と言っていました。

【＊3】
デュー・モリアによる原作をもとにした、1963年公開のアメリカ映画。数えきれないほどの鳥が人間たちに襲いかかる。

第五章
御霊神社
I♡ジモティー・ヒーロー

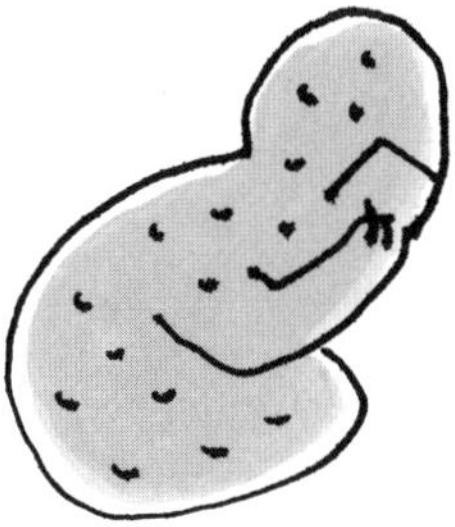

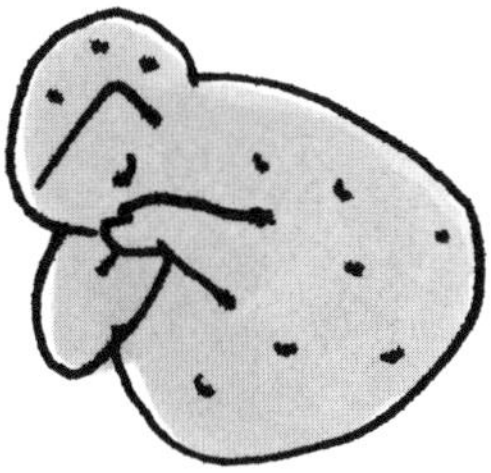

◎別　　名　権五郎神社（ごんごろうじんじゃ）
◎創　　建　平安時代後期
◎祭　　神　はじめは湘南地帯を開拓した相模平氏五家のご先祖さま。のちに鎌倉権五郎景正（景政）一柱となる。
◎例　　祭　9月18日
◎アクセス　江ノ電長谷駅から徒歩3分
◎神　　徳　眼病平癒、病気平癒、除災招福、学業成就、縁結び、必勝招来
＊鎌倉七福神の福禄寿（宝物庫の面）

Let's go to Goryo Jinjya!

鎌倉駅～長谷駅～御霊神社へのおすすめルート&ガイド

1

「御霊神社」という名前は、全国にたくさんあって、それぞれ地元のご先祖さまの「御霊」を土地神さまとして祀ったジモティー・ローカル神社です。鎌倉坂ノ下の御霊神社は、鎌倉権五郎景正《ごんごろうかげまさ》を祀っているので「ゴンゴローさま」と呼ばれています。小さな神社なのに、外国人観光客向けのパンフレットにも載るほどの大人気。その一番の理由は、毎年9月18日の例祭で練り歩く「面掛行列」（↓P.112）にあります。でもふだんは、保育園の子どもたちが遊んでいたり、近所の人たちがお散歩している小さな神社。そんな御霊神社に、お邪魔します～。

2

◎鎌倉駅エリアから、長谷エリアへの移動

「長谷エリア」にあるので、「鎌倉駅エリア」にいる場合は移動します。アクセスは、①自転車【*1】＝お天気がよい時、春と秋の連休などの混雑シーズンはオススメです。『海岸線の国道134号線にまわって、海を見ながら走るコース』なら、爽快に20分くらい。②バス＝駅前ロータリーから出ています。渋滞することも。③江ノ電＝混雑シーズンは、ホームから人が溢れんばかりで身の危険すら感じますが、ふだんは一番スムーズです。ここでは、このルートで。

江ノ島電鉄、略して「江ノ電」は、明治時代から【*2】藤沢～鎌倉間の町並みを、ぬうように走っています。「進行方向に向いた先頭の席」が特等席で、一度座ってみたいのですが、鉄チャンや熱心な

【*1】
自転車は、鎌倉駅東口（交番の裏手）か西口から徒歩2分（御成商店街）、または長谷駅前でレンタルできる。

【*2】
江ノ電の創業は1902年

ブロガーがいたら叶いません。長谷駅まではたった2駅、乗ってしまえば5分ですが、情緒たっぷり旅キブン。自転車くらいのスピードなので車窓の風景はゆるやかに流れ、ガタゴトという音が心地よく響きます。電車というよりも、アトラクションの乗り物のよう。

3

のんびり揺れる江ノ電にウトウト……ムニャこのまま乗りつづけて海を見たい～と思っても、帰ってからYou Tubeする【*3】ことにして長谷駅で下車します。改札を通り目の前の道路（県道32号線・長谷通り）に出ます。近道は、この道路を向こう側に渡り、江ノ電の線路に沿って進むだけ。参道につきあたるので右へ行きます。でもオススメは、ちょっとだけ遠回りのルート。最初に道路を左（海方面）へ行き、突き当たりの信号を右折します。この道は「星の井」【*4】というきれいな名前の古い井戸に通じる「星の井通り」で、しばらく歩くと、右側に大きな白い暖簾と、力強い「力餅家」という墨文字が目に入ってきます。江戸時代の元禄年間からつづく小さな木造建築の和菓子店です。この角を右に入ると、御霊神社の参道をスタートから歩けます。すると、お店のヨコから餅米を蒸すなんともいい匂いがホァ～ンと……。本能にはさからわず、ガラガラと懐かしい音のするガラス戸を開けば、御霊神社ゆかりの『力餅』【*5】や『福面まんじゅう』【*6】が並んでいます。

4

細い参道を進んでいくと、鳥居の直前に踏切です。江ノ電の線路が、参道を横切っています。これはいかがなものかと思って見ていると……境内をバックに江ノ電が走ってくる光景は案外いいもので、どうやら「撮り鉄チャン」の人気スポットのようです。線路を越えると、いよい

（明治32年）。最初は藤沢～片瀬（現・江ノ島）までで、１９１０年には鎌倉まで開通した。

【＊3】
動画サイト「You Tube」にアップされたさまざまな「江ノ電からの車窓の景色」の中で、稲村ケ崎駅～七里ケ浜駅区間で海が見える。

【＊4】
星の井は、鎌倉の古い井戸「鎌倉十井（じゅっせん）」の一つ。昔は木が多くて昼でも暗かったため、井戸の中に、昼間でも星の影が見えたといわれている。この辺りの住所「坂ノ下」も、昔は「星月谷（ほしがやつ）」というキレイな名前だった。

【＊5】
餅と求肥があり、餅は春季よもぎが入り草餅になる。

【＊6】
九月のお祭り「面掛行列」の、十一の面（先頭の天狗十一人衆）を忠実に縮小したような人形焼き。アジサイの季節が終わると店に並ぶ。

よ石の鳥居をくぐって境内へ。ここから足下は土になり、木は太く高く、空気も光も、音の響きも変わるようです。自然に頭を上へ下へぐるぐる動かしていると、肩コリも和らぎます。空を見上げれば、歩き方も自然にゆったり、呼吸は深くゆっくりと。両腕を上へ上へと伸ばして肩甲骨をほぐしたら、準備体操は完了です。

手水舎で手を浄めて、石段に進みます。まっすぐ本殿に向かって手を合わせ、その後何も考えずにまずぐるっと境内一周歩いてみましょうか。

5

つぎに目にとまったものを見ていくと……御霊神社に祀られている「鎌倉権五郎景正」ゆかりのモノが、いくつか。「景正の袂《たもと》石」＝こんな〝高校生男子くらいの重いもの〟を袂に入れて！という石。「景正の手玉石」＝こんな〝舞の海（「技のデパート」と呼ばれた小兵力士）よりちょっと重いくらいのもの〟を手玉にして！という石、など。

あれ、さっきも会ったような……?本殿の前とよく似た狛犬が、右奥にもいます。こちらは、境内社（神社の中の神社）の一つ、海の安全を司る「石上《いしがみ》神社」【＊7】の狛犬です。とても小さな御社ですが、海の日に行われる例祭では、立派な御神輿が出て海を渡ります。この他にも小さな社がさらに七社【＊8】。鶴岡八幡宮にも迫る、神さまの数にオドロキます。神社は、一つの神さまを祀っている場所だとずっと思っていましたが、祈りの集会所のようなものだったのですね。

6

もし、一人で神社やお寺をウロウロすることがあったら、同じように一人でウロウロしているジンジャ・オジサンにも、チラとご注目ください。ちょっと高そうなカメラを携帯し、銀杏の木などを激写。

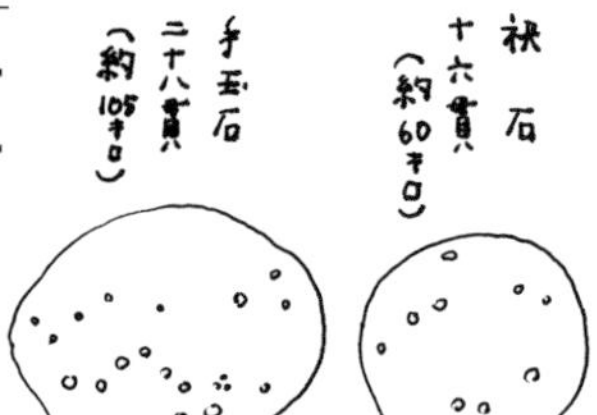

【＊7】かつてたくさんの船を難破させていた沖合の巨石を、二つに割って、上の部分を祀った神社。現在では海の日（7月の第3月曜日）が例祭。巨石のあった場所まで、神主さんと、おみこしは船に乗り、若者は泳ぎながら御供（神前に供えた赤飯）を捧げていって流し、海の神さまの霊を鎮め、遭難した人々の霊を慰め、安全祈願をする。

【＊8】①稲荷社（農業・食物の神）②秋葉社（火の神）③祖霊社（氏子の戦没霊）④地神社（農村神）⑤金比羅社（海上交通の守り神）⑥御嶽社（山の神）⑦第六天社（大地の神）⑤⑥⑦は特に、仏教と結びつきの強かった神さま。

歴史にも詳しくて、おそらくブログを書かれたりしています。御霊神社で会ったオジサンには、「これ知ってる？」と声をかけられました。本殿左右の縁側の先にある透かし彫りは、前からと後ろからとでは、見える動物が違うこと。ホラね、こっちはウサギ……こっちは龍、と一緒に見て行くとホントだ。不思議です。次に、「こっちこっち」と手招きする方へ行くと、奥の方に庚申塔《こうしんとう》の石板【＊9】が並んでいました。「見ザル言わザル聞かザルの3ザルが彫られていることが多いけれど、この〝お神楽を踊っているサル〟は、珍しいものだよ」たしかにサルが楽しそうに踊っています。へえ、と近づいて見ている間に、オジサンはいつの間にかどこかへ行ってしまいました。

7

きちんと手入れされた季節の花、樹齢350年といわれる大きなタブの木。樹齢何年かわからないくらい立派な銀杏etc.思い残すことなく見つめた後は、最後に階段下にある「宝物庫」へ。古いお家の庭にある「蔵」のような建物で、この中にお宝が眠っています。社務所の方にお願いすると、鍵が開けられ分厚い扉が開かれます。中に並んでいるのは、「面掛行列」【＊10】のお面たち。行列で使われるのはレプリカですが、江戸時代に使われていた原物が見られます。中には「鎌倉七福神」の一人「福禄寿」の面もあって、これを拝めば七福神巡り・福禄寿の段はクリアです。本棚のようなガラスのケースに収められていて、なんだか友だちのお祖父ちゃんの家に行って、ご先祖さまのお宝を見せてもらったような親近感。これも、小さな神社ならではです（拝観料は50円）。

【＊9】
庚申塔は、昔、村の境を守っていて、人里に悪人や疫病が入らないようにと祈ったもの。以前は鎌倉の西の端にあった石板が、道幅を広げる時に境内に移された。

【＊10】
P.112 参照

LEGEND

ヒーロー伝説は、たのしい
〜時代は、私を呼んでいる？

母は朝早く起きるのがニガテなので、自分は戦国時代に生まれなくてよかった、と言います。敵が朝早く襲ってきたら、もうダメだと。父もお腹があまり丈夫でないので、野戦でお腹を冷やしやすく、消化のよい食事を期待できない戦国時代に生まれなくてよかったと言います。そんな両親の子どもである私は、三半規管が弱いのか、遊園地のコーヒーカップでも絶叫。回転しながら笑える友だちがわかりません。不規則にグルグル回るイスに乗って訓練する宇宙飛行士の映像を見ると、一般人が宇宙ステーションで働く時代に生まれなくて、つくづくよかったと思います。

ネボケたりお腹をこわしたり目を回したりして、現代でしか生きられないような家族と対照的なのが、熱血兄貴のY先輩です。龍馬や岩崎弥太郎と同じ故郷出身のY先輩は、いつも五分刈り。後頭部の首の少し上に、シワより幅の広い段々形の古いキズ痕があります。子どもの頃、林で遊んでいて転び、後頭部に切株が突き刺さってしまったものの、医者に行かずに自分でムンズと引き抜いたのだそうです。聞いているだけでもイタタタと言いたくなるようなキズの話。時を遡ること九百年余

り、御霊神社に祀られている「ゴンゴローさま」の武勇伝に通じるものがあります。＝「ゴンゴローさま」こと鎌倉権五郎景正は、十六歳で出陣し【＊1】先頭で戦っていたところ、敵に右目を射られてしまいました。しかしひるむことなく戦いつづけ、逆に相手を射倒したといいます。ようやく陣に戻って景正は倒れてしまいましたが、味方の一人が刺さった矢をぬいてやろうと、景正の顔をクツのまま踏みおさえた瞬間、サッと刀を抜きました。「戦って死ぬのは本望だが、顔を土足で踏まれては武士の恥である」と。これを聞いた人々は景正の誇り高い姿に感心しました。＝という話【＊2】。

ゴンゴロー景正は、平安時代の末期、武将が勇ましく活躍しはじめた時代のヒーローです。Y先輩の「後頭部に切株事件」も、もし現場が同じ時代の戦場で、キメ台詞があったりしたら、熱血ヒーロー列伝に連なるかもしれないなぁ……と、遠い時代の伝説が、身近な人と重ねてみると【＊3】、ぐぐっと距離が近づきます。そして伝説のヒーローの姿からは、映し鏡のように、その時代に何がカッコイイと思われていたかが見えてきます。「朝ゆっくり寝ていられる力」や、「デリケートなお腹」、「回転に敏感な三半規管」が、いつか世の中の役に立つ日が来たら、両親も私もヒーロー＆ヒロインになれるのですが……。

【＊1】
1083年からつづいた「後三年の役」。鎌倉権五郎景正は、源義家に従って出兵。今の秋田県にあった城（金沢の柵）を攻めていた。

【＊2】
その後、矢をぬいてやろうとした鳥海弥三郎は、景正の主張を聞いて納得し、今度は丁寧にひざをついて矢を抜いた。

【＊3】
坂本龍馬も、ドラマでは福山雅治のイメージが強いけれど、実際は美男子じゃないのに美女キラーだったという点では、失礼ながら饅頭にゴマを乗せたような顔なのにナゼあんなにモテるのか不思議な知り合いの作曲家のHさんと、個人的には重なったりする。

TREASURE

宝物殿は、たのしい
〜となりはナニを、言う人ぞ？

神社やお寺の中には、ときどき「宝物殿」「宝物館」と呼ばれる建物があります。大切なお宝を保存することが第一の目的なので、ホウモツがデーン！　とありますという風情ではなく、中央からちょっと外れたヨコ手とか、奥、地下などにヒッソリと設えられていることが多いようです。でも御霊神社のお面や、長谷寺の三十三応現身像のオモシロさと出会えるのだから、ウッカリ見落としてしまうのはモッタイない。ヒッソリのためか、たいてい有料であるためか、中は境内のにぎわいに比べて空いているけれど、フンイキが変わるのもまた新鮮。鎌倉の寺社の規模だと小さなものが多く【＊1】、プライベートのような距離感もよいところです。

祖父の住んでいたマンションには、一年中日が差さず暖房も入れない一室がありました。これは祖父のお宝部屋で、いただきもののお菓子やお酒といっしょに、コツコツ集めた美術品が置いてありました。毎年お正月に家族で訪ねていくと、お宝部屋から何か箱を取ってきて、大事そうに開いて見せてくれました。それは主に、壷や香炉、鉢やお皿など陶磁器で、母や姉は「この赤絵のホニャララがいいわね」とか「ああケイトクチンね」などと用語を駆使して感慨深そうに眺めます。私はたし

【＊1】
鶴岡八幡宮の境内にある「鎌倉国宝館」は少し大きめ。1928年開館で、鎌倉市と近隣の寺社から寄託された文化財を、保管・展示している。特に禅宗文化に関わるものが多い。

かにその〝いい感じ〟はわかるのですが、「こんなキレイなお皿の上で、ゴハンは食べられないなー」と夢のないことを思い、お皿は母と姉の頭でもうよく見えないので、祖父がフフンと音は出さないまでも嬉しそうにしている表情と、あんまりよくわからないけれどフンイキは壊さないぞと静かに笑顔を固まらせている対照的な父の表情を、コッソリ見比べたりするのが楽しかったりするのでした。

宝物殿や宝物館では、お宝にムズかしい漢字がいっぱいの説明札がついていたりすると、ピーと脳が止まってしまいます。ダメだと読解をあきらめ、かわりにどんな人が来ているのかな？何を話しているのかな？と人物に目や耳を向けていると、中には、私と同じようによくワカラない人が、よくワカッテいる人と一緒に来ていて、ワカッテいる人がワカラない人に説明していることがあります。しめしめ、そういう時はそっと近づいて一緒に話を聞いてしまいます。やっぱり人が話す生のコトバは分かりやすい。へえ、ナルホド、とポイントをつかめると、その後観るものもなんだかオモシロくなっていきます。この間なんて、腰を浮かせた正座のような「大和座り」【＊2】をしている二体の菩薩像【＊3】の意味を教えてもらいました！「臨終の人を極楽浄土に導くために、すぐ立ち上がって救いに行きますよ～」という姿勢なのです。フフン（ジマン）。

【＊2】
大和座り＝跪坐（きざ）といわれる姿勢。この姿勢の菩薩像は全国でも希少らしい。

【＊3】
九品寺（山梨）の観音菩薩像と勢至菩薩像。将来悟りをひらいたら阿弥陀如来になる菩薩で、阿弥陀如来像の左右に置かれ、あわせて阿弥陀三尊像と呼ばれる。

BICYCLE 1. SLOW MOTION

自転車は、たのしい①

～遅乗りは、カッコイイ！

高校の数学の中でも、モテジイの授業は、穏やかな語り口が子守唄のように聞こえてきて、よく意識が遠くなりました。モテジイは友だちによると、どこかで校長を勧めたことがあるという話で、かなりのベテラン。でもその熟練の教鞭も豚に真珠で、数式を説明している先生をぼんやり見ながら、人間は年をとると耳から毛が生えるんだなーなどと思うばかりで、肝心の数式は自分の耳を素通りしました。そのモテジイが、一年の中で地味ながらキランと光る時がありました。毎年モテジイが出場する体育祭の名物競技「自転車遅乗り」。ふつうのレースなら先頭でゴールした人が一等賞ですが、これは自分のコースを出ないまま、なるべく前に進まないで、足を地面につかずに、最後尾にいた人が一番になれるというナイナイづくしの逆転発想。パワーもスピードもいらないけれど、「ややや」とハンドルを微妙に動かして数秒間その場でバランスを保つテクニックや、落ち着いた心理状態が必要です。動きがオモシロイので、友だちとアハハハと笑いながら応援していた自分が、のちに鎌倉で自転車遅乗りの日々を送るとは、ユメにも思っていませんでした。

家から自転車に乗る時は、買い物に行くにも神社やお寺を巡るにも、必ず何ヶ所

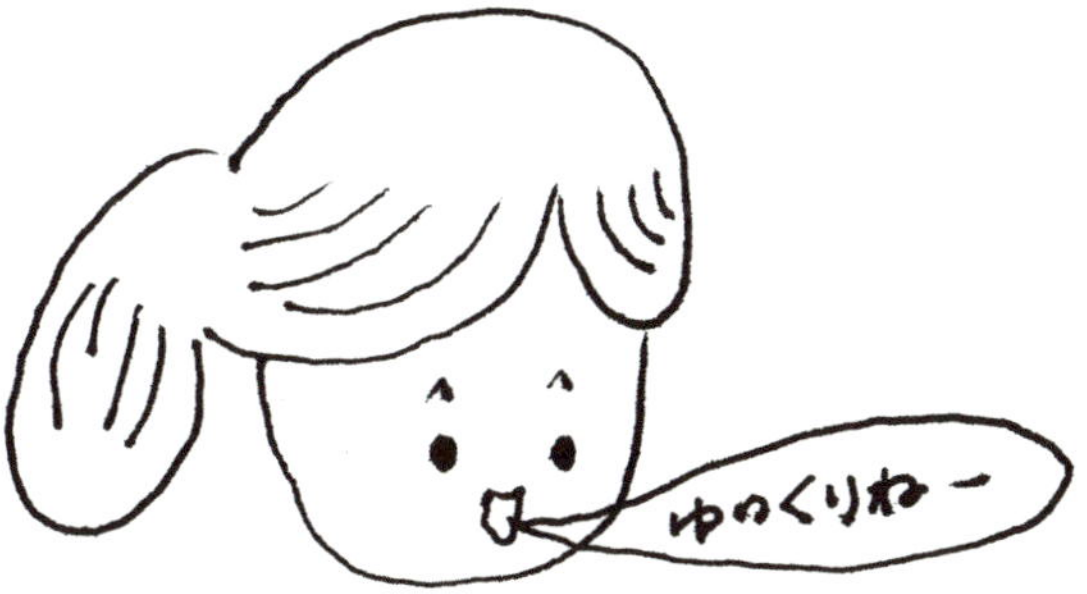

か、人が多くて道幅の狭い〝難所〟を通らなければなりません。特に駅と八幡さまの周辺で、お詣りに向かう人、美味しいモノはないかと探す人の足はとてもゆっくり。しかも何かお目当てのモノを見つけると、ア！　と突然進路を変えて斜めに動くし、向かってくる人にも、私の自転車は見えていません。正面ではなく左右のお店に首を向けたまま近づいてきます。危ない危ない。初めは気づいてもらおうとベルを鳴らしてみたのですが、ギクッとして足がスクむ人もいるのでヤメました。人を避けてさらに裏道へ入ると、今度はもっと細い路地で、クネクネ曲がっています【＊1】。自転車を押して歩けば道幅を取ってしまい、スレ違う人にもかえって迷惑……という時、まさに自転車遅乗りの出番です。道のクネリ、人の動きに合わせて超スロー＆ストップモーション。自転車は速いもの、飛ばすものという考えを捨て去ると、けっこうコレが楽しくなってきます。まず走りをコントロールできること。町のリズムを壊さないこと。あ、これって〝できる武士がムヤミに刀を抜かない〟のと似ているじゃないですか？　そう考えるとカッコイイぞ、自転車遅乗り！　誰もホメてくれないので、自画自賛です。もしかしたらモテジイも、遅テクをホメられたことはなかったかもしれませんが、せめて今ここで「師匠」と呼ばせていただきます！

【＊1】鶴岡八幡宮周辺の路地は、かつて敵がなだれ込まないよう、紆余曲折して要塞の役目を果たしていたといわれる。

BICYCLE 2. MAMA-CHARI

自転車は、たのしい②

～坂も海辺も、ママチャリでゴー！

神社やお寺の中には、駐輪場を設けているところもあって【＊1】、さまざまな自転車が並びます。スピードの出る車輪の細いもの、サドル位置の高いマウンテンバイク系もあれば、街中で走るタイプでも色づかいやカタチがキレイで、センスがいいなあというものを横目に見ると、年季の入った自分のママチャリがくすんで見えてきます。サドルは以前住んでいたマンションの狭い駐輪場で隣のハンドルに引っ掛けて破れ、ギア・チェンジするハンドル部分は熱か摩擦によるためか変形しています。バタンと倒れてしまった時に歪んだ車輪。やっぱり、そろそろ～と思わないワケではないけれど、いえいえ、まだまだ！　走るからにはコレで行きます。

鎌倉駅の方から銭洗弁天や、北鎌倉の円覚寺方面へ向かう時は、長い坂道が待っています。もちろん電動アシストはなく、ギアも三段しかないので、坂道は、まるで根性論のように脚力とフンバリにかかっています。じわじわと太ももに負荷がかかってきたら、iPodナシでも頭の中に、クイーンの"I want to ride my bicycle ～"のメロディーを流します。勾配がきつくなるにつれ、バーイシクル♪　バーイシクル♪　とテンションを上げていき、たたみかける多重コーラスを反芻しながら、坂を

【＊1】
鶴岡八幡宮のように、自転車を停められないところもあるので、ご注意ください。

上りきることができるか……でき……ない……で、息はたえだえ、いつも必ず途中で押していくハメにはなるのですが……。でもなぜこうまでして自転車で行くかというと、上りを越えたら、その後には最高に爽快な下りのごほうびが待っているのです。銭洗弁天なら帰り道、円覚寺へ向かう道は後半部、ブレーキに手をかけつつ、歩いている人や車に気をつけながらシュウーッッと一気に下ります。

鎌倉駅エリアから長谷に向かって行く時は、海沿いの国道134号線を走ります。とにかく左側は海。頭上は広い空。ママチャリ走行を見ているのは、トンビくらいしかいません。車の排気ガスさえなければ、これ以上気持ちのよいトコロはないんじゃないかというくらいの道です。今度は長い長い海岸線に沿って進むので、同じように長ーく伸びる曲を脳内BGMに流します。〝エンダァーーーイアーー　アイオールウェイズ　ラブ　ユーウーーー〟W・ヒューストン、往年のヒットメロディ。目の前の風景を見つめながら、頭の中では、海風を受けて自転車を走らせる自分の姿が、ハイスピード撮影されたスロー映像になって思い浮かびます。雄大な空と海と小さな私〜の構図で、気分は穏やかにハイテンション。歩くのも、江ノ電も楽しいけれど、ときどき自転車で別の感覚器官を使うのも、イイものです。

スイーツは、たのしい

～負けまして、おめでとう！

Nさんはいつも、一緒に仕事をする人たち皆の心をつかむ不思議な力を持っていて、その風貌からも「マスター・ヨーダ」と呼ばれていました。でも、美人で理知的な奥さまを射止めるためには三回プロポーズしたそうです。断られても断られてもあきらめず、笑いを忘れず、ガンバッた末に奥さまと結婚したNさんはもちろんしあわせだけれど、「ああ、もうアナタには負けた！」と思えた奥さまも、とてもしあわせそうです。勝つことばかりが花じゃない。負けるしあわせもあるのです。

眠気に負けて、温かい布団で二度寝するしあわせ。スイーツの甘い誘惑に、負けるしあわせ。神社やお寺を歩くと、境内に茶店があったり、近くにさまざまなお店があったりして、神社やお寺ゆかりのお菓子や、目にも楽しいスイーツがいっぱい待ち構えています。お詣りで心が洗われて、たくさん歩いて、いい空気を吸って、小腹もすいたし、ダイエットの決心がちょっとぐらい負けてしまっても、今日みたいな時はいいじゃないですか、とスイーツたちは囁きます。

「力餅」「福面まんじゅう」「大仏観音煎餅」「大耳パイ」「抹茶ロール」「女夫まんじ

ゅう」「おしるこ」「鳩サブレー」「小判煎餅」「みたらしだんご」「かまくらカスター」「マカロン」「無添加イタリアンジェラート」etc.etc.【＊1】その場で食べられるもの、お詣りの記念になりそうなもの、特別ココだとおいしいもの……まるで一年中がスイーツ祭。子どもの頃、小町通りで買ってもらったクレープ【＊2】は、私の鶴岡八幡宮お詣りスイーツ第一号です。目の前で香ばしく焼き上げられ、かぶりつくとクリームチーズがたっぷり。ちょっと大人っぽい気分になりました。オバマ大統領が、「アミダブッダ」【＊3】のお詣りで「抹茶アイス」【＊4】を覚えていたように、スイーツにつながる記憶は、鮮明です。

　負けを認めた時、人は素直になっているので、かえって感覚は冴えるのかもしれません。キンチョーして研ぎ澄まされる感覚もあるけれど、力が抜けたときに受けとめられることの方が、自分に必要なことだったり、波長に合っているもののような気がします……と考えると、ホラやっぱり、お詣りと、心がやわらかくなるスイーツって相性もいいじゃあないですか。ささ、お詣りの時くらい、スイーツに負けてしまいましょう。そうそう、去年のNさんの個展には手ぶらで行ってしまったけれど、今度アレを持っていこうかな、

その前にほかの味も確かめたいから今日はソレにして

……と、ン、あれ、お詣りとカンケイない時でも、

スイーツ祭に連敗中かも。

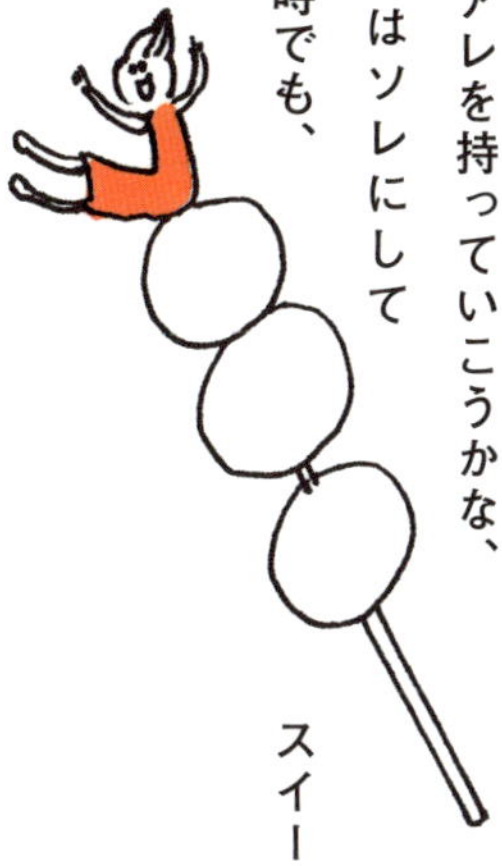

【＊1】順番に、店名＝力餅家、力餅家、恵比寿屋、ベルグフェルド（以上長谷駅エリア）、アトリエ・バニラ、松風堂など、納言志るこ店、豊島屋、小松屋本舗、亀屋など、鎌倉ニュージャーマン、パティスリー雪乃下など、ジェラテリア・イル・ブリガンテ（以上鎌倉駅エリア）

【＊2】緑のひさしが今も変わらない、コクリコのクレープ

【＊3】2009年に来日したオバマ大統領は、演説の中で少年時代の日本の記憶として鎌倉で大仏に参拝したことを披露。「グレートブッダ」と言わずに、阿弥陀如来と特定する「アミダブッダ」と呼んだ。

【＊4】オバマッチャ

祭

MATSURI

お祭りはたのしい

神社やお寺は、ライブの宝庫。
舞や雅楽や流鏑馬《やぶさめ》のような、神さまに
見ていただく神事は楽しく、仏さまに向けて唱える
お経に法要、僧侶の大行列は壮観です。
受け継がれてきたカタチであっても、
生まれるライブは一度きり。
その場で、その瞬間に立ち会えてこそ、味わえるもの。
ワクワクしているのは自分自身のようでいて、本当は自分の中の
ご先祖さまがムクムク目を覚まし、喜んでいるのだったりして。
くり返される太鼓の響き、おみこしのかけ声、
遠くまでとどく笛の音や、ゆれる提灯の明かりは
カラダの奥で眠っている記憶をゆすります。
しかもほとんどタダで見られるって、すごいコトです。

鶴岡八幡宮のおみこし行列「神幸祭《しんこうさい》」(＊)や、甘縄神社(→P.77)、御霊神社(→P.95)等のおみこしを先導する長竿の提灯《ちょうちん》が、カッコイイ。お店の軒先には「御祭礼(禮)」とかかれた丸い提灯が下げられ、段葛には小さな奉納提灯が両脇に並びます。(＊=9月15日)

しづやしづ～♪「静や、静」と自分の名前を呼んでくれた義経を慕う歌を、頼朝と政子の前で唄い舞った静御前。お腹の子は生まれると男子だったので殺され本当に可哀想！しかし義経は最期妻子といっしょ。ウ～ムフクザツ。（鶴岡八幡宮の舞殿で、4月第2日曜日）

大太鼓もいいけれど、小太鼓はボリュームがないのに遠くまでよく届いて不思議。八幡宮では例大祭の間中、甘縄や御霊神社ではおみこしの間中、音を一度も途切らせることなく、スバヤく奏者が入れ替わります。お見事！

鶴岡八幡宮の流鏑馬は、武士の神事の代表。猛スピードで走り抜けながら、的を射る姿にシビレます。が、人が多くてよく見えない。それなら少し前に来て、舞殿で安全祈願する「お祓いの神事」に立ち会うと、キリリと凛々しい射手の表情が間近に見えます。（4月第3日曜日と、9月16日の年2回）

お祭りといえば、お楽しみは並ぶ露店。光明寺のお十夜は、何十人もの僧侶が行列して寺に入る「お練り」が見どころ。その両脇に並ぶ露店は夜になると、提灯の明りが照らします。大人も子どもも、まだまだ帰りたくない～。（光明寺のお十夜＝10月12～15日、練行列と露店は13～14日）

湯花神楽と面掛行列

坂ノ下の御霊神社の毎年恒例のお祭りは、お祀りしている武勇伝のご先祖さま「鎌倉権五郎景正」の命日に行われます。御霊神社といえばまず「面掛行列」が有名ですが、この「湯花神楽」【*1】も、「鎌倉神楽」とも呼ばれる代表的な神事の一つ。実はこういった、人気プログラム前の神事にも、要注目です！

かつては鶴岡八幡宮にもあったという面掛行列。今は鎌倉ではココだけです。奈良東大寺に今でも伝わるカブリ型面の「伎楽《ぎがく》」【*2】の影響を受けているといわれ、たしかにエキゾチックなにおいがします。

◎湯花神楽　2009.9.18 PM1:00–

YUBANA DANCE AND MUSIC

面掛行列を目指して早めに来てみると、境内にたくさんの人が。のぞいてみると、青竹を四方に立てて注連縄《しめなわ》【*3】を張り、中で五人の神職が祈祷をあげ、お神楽を奏でています。見物人は縄から中に入

「え〜つぎは、」長老の神職がおもむろにマイク持って司会

【*1】
湯花とは、沸騰した湯の中から泡が花のように現れること。湯花の立ち具合で神さまのご意志を占っていたことが芸能と結びついた。「湯花神楽」は、湯に笹の葉をつけて、沸き立ってくる泡を祓いながら舞い、「鎌倉神楽」とも、「湯立神楽」ともいう。

【*2】
仏教布教のため、奈良時代に寺院で盛んに上演された仮面劇。もとはインドで創作され、東南アジアやシルクロード周辺に広まり、日本に伝えられたので、彫りの深いさまざまな人種の面相の影響がみられる。

【*3】
注連縄を張った領域は、神聖な場所。神域と現世を隔てる結界の役割をしている。注連縄は稲のワラから作られていて、稲作文化の象徴。自然崇拝として古来から日本の祈祷に使われてきたものである。

ってこないようになっていて、ぐるりと取り囲むように鈴なり。中央の竹の下あたりに三方が四つ並んでいて、お神酒とお米のお供えと、あと二つは何か小さなものが乗っています。その向こうから煙が立っています。……煙？

神職の司会によると、五穀豊穣を祈り、皆さんにもご利益があるという神事が五部構成になっているようです。次は、神職が手にもった笹を釜の中の湯につけて舞うとのこと。笹のしぶきをかぶると大変ご利益があるという説明が終わると、向こうから「きゃー」「わー」という歓声があがりました。湯につけた笹の葉の束を、観客に向かって振っていて、熱いしぶきがかかっているようです。なるほど、ご利益を体感できる表現です。ふと、ディズニーシーのチップとデールが観客に向かって水をかける「クールサービス」を思い出しました。ムム、観客一体型エンターテイメントの原点はここでしょうか?!

その後も観客席の方に弓をプ〜ンと射飛ばしたり、一体型神事がつづきます。最後の部では、天狗と、山の神が三方を抱え、何かをつかんで花咲か爺さんのように投げ始めました。右かと思えば左、前かと思えば後ろに投げ、そのたび観客は大受け。これもご利益と聞

赤い面の天狗と、黒い面の山の神は、ひょ〜きん

笹の葉と、木の緑がキレイ
バサッバサッ

いて、皆さんワレもと両手を突き出して飛んできたものをキャッチしようとします。笑いながら、目はかなり真剣。あっ、こちらにも飛んできました！　小さいものの正体は一つずつパックされた飴です。このための飴だったのですね。ああ、すぐ前に立っていたオバチャンたち数人が奪い合って転がってしまいましたッヒャー、場内コーフンのうちに、神事は終了。いよいよ面掛行列を待ちます。

MASK PROCESSION
◎面掛行列　2009.9.18 PM2:30–

湯花神楽が終わると、境内の前の参道はすでに人人人。少し離れた星の井通りまで移動します。ここにもすでにたくさんの人がいて、行列がUターンするという箇所に近いところまで来て待ちます。大通りではないだけに、熱気が近辺に凝縮した感じ。皆首を長〜くのばしていると、笛・太鼓の音が聞こえてきました。

来ました来ました！　行列は福面だけのものではなく、全体が何かストーリーになっているようです。旅姿のオジイさんと少年を先頭に、お囃子、錦の旗、猿田彦神（神々が地上に降り立った時に先導したという日本神話の神）といわれる背の高い天狗が登場して、白装束の

猿田彦は高下駄。目の穴も小さくて歩くのがタイヘン

顔が見えるふしぎな獅子頭

福面って……コワいかも

少年たちがつづき、図工椅子をかぶるようなオモシロい獅子頭【＊4】が来ます……そしていよいよ福面十人衆です。前から順に、爺・鬼・異形・鼻長・烏天狗・翁・ヒョットコ（火吹き男）・福禄寿・妊婦のおかめ【＊5】・女（産婆）。おかめの大きなお腹をさわると子宝に恵まれるといわれ、沿道から手がのびてきてベタベタします。お面はどれも人間の顔の一部がひどく強調されたような造作。決してヒーローの顔ではありません。遠くで小さな子どもが泣き叫ぶ声も聞こえ、沿道はヒートアップ。オジサンのカメラのレンズが、頭にゴンゴンぶつかります。

コワくてヘンで、どこか滑稽。そこにふつうの人間にはない不思議なパワーを感じます。鬼は昔から、味方にすれば厄を払ってくれるというけれど、福面たちも、善悪で割り切れない「異界」の存在。異界との境界線を、行き来してきたご先祖さまは偉大です。十人衆が行った後からは、湯花神楽で大活躍した五人の神職もやってきます。そして、シンガリを飾るおみこしは、白装束の氏子に担がれて静かに登場。ヨコには浴衣にマイクで歌うおじさんが！　オジサンの民謡調の歌をBGMに、のどかなおみこしが運ばれていきます。サヨナラ〜。

歌うおみこし、初めて見ました！

【＊4】
珍しいカタチの二頭の獅子頭（写真右頁）も、伎楽の流れをくんだ貴重なもの。日本の獅子舞の原型である。
◎また、伎楽の特長は、後頭部まで覆う深い面。面掛の面はカツラ以前の形体である布の頭巾であることからも、古い歴史が感じられる。

【＊5】
妊婦の大きなお腹は、豊作・豊漁の祈りのシンボル。面掛行列で扮していたのは、男性だったような……。

第六章 銭洗弁財天 ご利益はザックザク？

◎正式名称　銭洗弁財天 宇賀福神社（ぜにあらいべんざいてん うがふくじんじゃ）
◎創　　建　1185年（巳の年）巳の月、巳の日、源頼朝への夢のお告げにはじまると言われる。
◎創 建 者　北条時頼
◎祭　　神　本宮 市杵島姫命（いちきしまひめのみこと）、奥宮 弁財天
◎御 利 益　家内安全、商売繁昌
◎例　　祭　4月初巳日（中祭）、9月白露の後の巳日（大祭）
◎境 内 社　七福神社、水神宮（上之水神宮・下之水神宮）
◎アクセス　鎌倉駅西口から徒歩25分

銭洗弁財天への、おすすめルート&ガイド

1

銭洗弁天は鎌倉駅から歩いて行ける、そして源頼朝と関係の深いもう一つの代表的な神社です。でも向かうルートは鶴岡八幡宮への道とは対照的。鶴岡八幡宮は鎌倉駅の大きい方の改札口（東口）が近いけれど、銭洗弁天へは反対の小さい改札口（西口）側にまわってスタートです。若宮大路のように直線的な表参道や、小町通りのように賑やかな商店街はなく、静かな道を曲がったりくねったり。地図で見てもわからないけれど、最後の方はちょっとした坂道です。まだかなまだかなと思っているうちに後戻りできずアレレ……と到着するのも面白いけれど、心の準備はあった方が楽しめそう。20分から、のんびり歩いて30分くらいです。

2

駅からのルートは何パターンかありますが、どこから行っても最終的には一つの道に合流します。小さな標識が出ているのでそれを目印に行ってもOK。一番わかりやすいルートは、西口からそのまま西へ西へ。交差点を渡って「紀ノ国屋スーパー」のヨコをまっすぐまっすぐです。これは市役所通りで、右にフクちゃん漫画の横山隆一さんの邸宅が変身したスペシャルな「スターバックス」が見えてきます。お庭の青いプールが残されていて、ここだけで焼いている香ばしいクロワッサン・アマンドもあります。先っぽをパリパリつまみながら歩いたり、到着後のお楽しみに、一つ買って行きましょうか。

【＊1】
東洋大学の柏原竜二選手。２００９年、２０１０年と5区で2年連続の区間新を樹立。トップと4分26秒差の7位でタスキを受け、6人抜きでチームを往路優勝に導いた。

3

しばらく市役所通りをそのまま行くと、じんわり上り勾配になってきます。トンネルを一つ越えて「法務局」の信号まで来たら右折。住宅地へ入ります。左側に流れる小川は、銭洗弁天からつながっている水の流れ。もうこの後は、道なりで大丈夫です。車の往来も少なくて静か。気持ちにゆとりが出てくるので、両脇のステキな家々の庭木など鑑賞したり、広い空を眺めたり、一緒に歩く人がいたら落ち着いたオトナの会話をしてみたりとフリータイムをお過ごしください。ただその間もじわじわと上りになっているので、一歩一歩が無意識に踏みしめられるようになってきます。足が少しずつ疲れてくるので、こんな時に手をつないだらカレは頼もしく見えるかも?! 最後は会話が途切れるくらいの上り坂。箱根駅伝往路のハイライト5区といい勝負です。さあ気分はエース柏原くん【*1】（あ、前の人を抜かさなくていいですよ）。電動アシストなしの自転車で来た時は、手前で断念した方がよさそうです。

4

坂道は舗装されているけれど、源氏山のてっぺんに向かう山道。ここは真夏の昼間でも山陰で、いつもヒンヤリしています。と、見ると岩肌をくりぬいたトンネルの前で、鳥居が「ガオーッ」と口を開けたように見える神社の入り口が出現。左の石碑には正式名称『銭洗弁財天　宇賀福神社』と書かれています。ああ、おつかれさまでした！　と休む間もなく、さっそく暗いトンネルの中へ。この洞窟トンネルが参道です。く

ぐり抜けると別世界。丸木の鳥居が目の前に何本も立ち並び、晴れた日は差し込む光が筋を作って幻想的です。右手に手水舎があるので浄めたら、連続する鳥居をくぐって境内へ。目の前がパッと開けます。境内は四方を山壁に囲まれた、おヘソのような不思議な空間。

5

ではそのまま「銭洗い」へ。まず、小さなザルとロウソクとお線香のセット(百円)を借ります。お線香を煙たなびく常香炉の灰に差し、ロウソクも火を移して燭台に差します。そしていよいよ小ザルの中へお財布のお金を入れたら準備完了。「奥の宮」と呼ばれる薄暗い洞窟に入って湧き水の前に腰をかがめ、ヒシャクですくった水をお金にかけます。洗えるのは小銭かなと小銭だけを小ザルに入れて、周りを見回すと、お札に水をかける人も多いです。皆さん、お金が増える

といいですね。うしし。無意識に顔がほころびます。お金を触るととても冷たくなっていて、清められた実感が沸いてきます。これぞ「福銭」。小ザルを返して、小さな拝殿のある本宮で手を合わせます。ふー。

6

境内中央に休憩所があるので、木の椅子に座って一休み。行きがけに買ったクロワッサン・アマンドを食べるとホッとします。茶屋もあって、アイスクリームや冷たい飲み物、お団子や温かい飲み物、軽食などもいただけます。鎌倉土産も並んでいて、手のひらサイズの大仏貯金箱を発見。洗ったお金の半分は使い、半分は大仏さまの体内にということもできます。座った位置から落ち着いて境内を見回すと、あちこちの岩肌から水が流れ落ちています。銭洗弁天は水の神社なんですね。手元の資料を開いてあらためてご利益を

読むと、この水で財宝を洗うことによって、不浄の身が清められ、やがて福や徳がもたらされるのだということ。「お金が増えるかも?」という発想で頭がいっぱいだったけれど、清々しい水音で心もカラダも浄められていくようです。

7

宇賀福神さまとは「宇賀神」という福の神さまで、カラダは蛇、頭は老人の顔をしているそうです。伝承では巳年の一一八五年、巳の月（四月頃）巳の日の夜中に、源頼朝の夢枕に宇賀福神と名乗る老人が立ったことが、この神社のはじまり【*2】。夢からさめた頼朝が、さっそくこの場所を突きとめて、神社を建て宇賀福神を祀ると、戦乱の後も荒れていた世の中が次第に収まったとか。銭洗いが始まったのはその約70年後のこと。第5代執権北条時頼 の時代に弁財天信仰【*3】と重ね合わせる人がいて、子孫繁栄を祈って銭を洗ったところ、たくさんの人がそれに続くようになったといいます。今でも十二日に一度巡ってくる巳の日は縁日で、一層のご利益を～とお詣りする人もちょっと多め。

鶴岡八幡宮が、打倒平家を誓い、新しい時代を創っていこうという心意気の集まった「フロンティア・スピリット神社」であるなら、銭洗弁天は、新しい時代を生きる人々のしあわせを願った「生活応援神社」のようです。

【*2】
3月24日に壇ノ浦の戦いで平家を滅ぼした後も、荒れつづける世の中を嘆いていた頼朝のために、老人は霊水の湧き出る泉のありかを教えた。そして「この霊水で神仏に祀れば、国内も平穏に治まるはず」と告げたという。

8

休憩所の壁に目をやると、なぜか川柳の書かれた紙が画鋲で貼ってありま す。「痩せたのは　一緒に歩いた　犬のほう」「影だけは　黙って俺に　ついてくる」「振り込めと　言われたその額　持って無い」etc. 作者は複数の高齢者？　あるいは綾小路きみまろでしょうか？　人生の哀愁を読んで、目も一服したところで境内を少し巡ってみませんか。小さな水の神社「上之水神社」や、池に元気な鯉が泳ぐ「下之水神社」、「七福神社」もあって、それぞれ違う狛犬が守っています。お供えには、蛇の好物だからと卵がよく置かれています。木漏れ日がキラキラ輝く小さな水面を見ていると、やっぱり日本は水のきれいな国だなあと……思ったり。

戻り道は下りつづきで足も軽く、往きの半分くらいの時間で帰ってきます。駅のキップ売り場では、濡れたままのお札を機械に入れないようにご注意を。過去にどうやらやってしまった人があるらしく、小さな注意書きが貼ってあります。

【＊3】

「弁財天」は、「弁才天」の「才」の音が「財」に通じることから、財宝の神さまとして信仰されるようになった。

「弁才天」は、古代インドの河の神さまが、仏教に取り込まれたもの。河の流れる音から音楽の神さま、福徳や学業の神さまともされ、琵琶を持つ像がよく見られる。

日本では神道の水の神さま「市杵島姫命」や、農業・穀物の神さま「宇賀神」と合わせられる。宇賀神の姿（人の頭に蛇のカラダをもつ老人像）を頭上にのせた像や、腕を8本持つものも多い。

さまざまな要素がミックスしている弁財天。「弁天さま」ともいう。

REPEAT

リピートは、たのしい
〜くりかえして、そのたび新しい

鎌倉に住んでしばらくした頃、親戚が遊びに来て、銭洗弁天へいざ、大勢で賑やかに出かけました。鳥居から、洞穴のようなヒンヤリ暗いトンネルの参道をくぐり抜けると、パッと明るい光のあふれる境内に出ました。その瞬間、外の世界からチャンネルが切り替わったように、ずいぶん前に一度ここに来たことがあると気づきました。その時は小雨が降っていたこと。歩きではなく、カッコよくサム・クック【＊1】を聞きながら車に乗ってきたこと……境内ではどんな風に過ごしたのか？　二人の会話もすっかり忘れてしまっているけれど、思い出す時間は、その時よりもむしろ素直に楽しかったように感じられます。

くり返し同じ場所に行くと、自分の感覚の変化に気づくことがあるように、前に観た時にはたいした印象もなかった映画が、何年か経って観ると、とてもオモシロく思えることもあります。『E.T.』【＊2】を最初に観た時は、もういかにもウケを狙っている形だと最初に思ってしまって、最後までストーリーを受け入れられませんでした。よく知らなかったくせに、ハリウッドより、言葉の響きからしてヌーベルバーグ【＊3】や、フィルムノワール【＊4】の方がずっとカッコいいじゃないかと思っ

ていました。でもその後数年間、だんだん種類を選ばず映画を観るようになり、仕事でモマれ、人生の山にも谷にも遭遇してから再びある時E.T.を観てみると、印象はまったく別物。なんとよくできた映画ではありませんか。伏線が張り巡らされ、E.T.と同じ目の高さにいる子どもたちがよく描かれていて、ハロウィーンの仮装の後、川辺で倒れていた紫色のE.T.に胸が痛くなりました。いつかママチャリでエリオットのように満月の空に浮かんでみたい。冗談だと笑いながら、ジーンとくるオモシロさ。数年経ってもE.T.は変わっていないから、変わっていたのは私でした。

神社やお寺も、変わらない。参道が整備されたり建物が修理されたり、少しずつ変化はするけれど、何年経ってもいつ行っても、あるのはいつもと同じ場所。子どもの時に広大に感じられた境内が、大人になって行ってみると案外コジンマリとしていたり。大勢でにぎやかにお詣りした時と、二人で歩いた時と、一人で行った時とでは、見える風景も変わり、季節ごとの木や花の変化や、祭礼・行事によってもガラリと境内の表情は変わります。だからたとえ、初めて来た時にあまり強い印象を受けなくても、いつかまた来た時に、思いがけない記憶がよみがえるかもしれない……予測できないこともまた、リピートすることの、楽しさです。

【＊1】
1950－60年代に活躍した黒人ソウル・シンガー。

【＊2】
E.T.（地球外生命体）と少年エリオットや妹との交流を描いた、1982年公開のアメリカSF映画。スピルバーグ監督・製作。

【＊3】
1950年代末から60年代にかけて、ゴダールやトリュフォーらフランスの若い作家によって製作された映画作品。

【＊4】
1940－50年にかけて製作された暗さを基調とした犯罪映画。主にアメリカ製を指し、広くはフランス製ギャング映画や、それらの影響を受けた80年代の「ブレード・ランナー」、ジョン・ウー監督などによる香港犯罪映画も含む。

ACTION

アクションは、たのしい
〜よくばりバアさんでも、いいですか？

ディズニーシーにある「海底2万マイル」のミソは、ネモ船長の調査に〝勇敢なクルー〟として参加して、小型潜水艇のサーチライトをレバーで自由に操作できるところ。実際はレールに乗った潜水艇が自動的に移動していく間の、ほんの小さなアクションだけれど、自分たちが点けたサーチライトで海底生物を発見できるというのは、ちょっと楽しい。近頃アートの展覧会でよく見かけるのは、「さわっていいですよ」「入っていいですよ」といった「あなたもアクションしていいですよ展示」。離れたところからただ眺めてホホォ〜とうなるだけのアート鑑賞ではなく、「あ、ザラザラしている」とか「うわ暗い」「けっこう高いな」という実感や発見や予想外の感覚を味わうことができて、これもちょっと面白い。小さな動きでも、自分から起こすアクションというものは、きっと気持ちもいっしょに動かします。

神社のアクションといえば、パンパンと手を合わせ目を閉じて拝むこと【＊1】。神社に行けば誰もが自然にやっている「両手を合わせるアクション」は、他のさまざまな「祈り」の姿に共通していて（音を立てない仏教【＊2】や指を組むキリスト教【＊3】とい

【＊1】
神社での拝み方の基本形＝①お賽銭を入れる ②鈴を鳴らして神さまを呼ぶ ③二礼（上体を45度〜90度に傾斜） ④二拍手（この時、気持ち右手を手前にずらす。右手は体・左手は心を表し、体を一歩下げて神さまに敬いの気持ちを伝えるため） ⑤手をそろえて合掌、お祈り ⑥最後に一礼

ったバリエーションはあるけれど）、人間の奥にある根本的な何かにかかわる動きなのだろうと思います［＊4］。両手を合わせると、手は他のことに使えない。いいコトも悪いコトも自分から何かすることができなくなるアクションには、もしかしたら神さまにその手を預けるという意味があるのではないでしょうか……。

両手を合わせる神秘的な姿にくらべて、銭洗弁天の「銭洗いアクション」は、とても人間っぽい動き。しゃがんで、食べものを洗うようにザルでお金を洗う背中を丸めた人の姿からは、たくましい生活のにおいがします。お祈りの専門家である神主さんに祈祷やお祓いをお願いするのもいいけれど、「銭洗い」は子どもも大人も自分でできること。でもわざわざココに来てやらなくちゃいけない、というところが〝アクション心〟をくすぐります。境内まで坂を上ってやって来て＋清々しい水と空気に触れ＋銭を洗った達成感。銭洗いをした後にお金が増えなかったとクレームを言いに来る人がいないのは、本当はご利益なんて誰も信じていないというよりも、〝銭洗いを達成したことで気分がアップ〟というご利益が既にあるからかもしれません。と言いながらも、ザクザクお金が増えるようなご利益もまだあるんじゃないかと、よくばりバアさんのように心のどこかでちょっぴり期待していたりして。人間の欲や希望を肯定してくれるところが、「銭洗いアクション」の魅力です。

【＊2】
お寺での拝み方は、①お賽銭 ②ロウソクや線香がある場合は所定の位置に捧げる ③静かに合掌して一礼、お祈り（数珠を持っている時は、手にかけて） ④最後に一礼

【＊3】
左右の指を交差させて手を組むだけでなく、指をのばした合掌型や、手は組まずに両手を上げ目を天に向けて祈るポーズ（オランス）などもある。

【＊4】
18世紀ドイツの哲学者カントは「手は第二の脳である」と言った。手の動きが、脳や体全体に影響を与え、体の前で手を組むことは、精神的な安定、脳波のコントロールをもたらすと考えられている。が、科学的にはまだ未解明である。

お金だって、たのしい
～祈祷料は、ジャージ・マンを呼ぶ？

高いお金を払えば祈りは通じる、というものではないと思うけれど【＊1】、相場やルールの中で「自分なりにちょっとがんばった」「やるだけはやったぞ」という気持ちは、満足感や安心感につながるのかもしれません。祈祷料が最低金額だったとしても、その気持ちがあったらきっと大丈夫だと思うのですが……。

友だちと香港旅行に出発する数日前、近所の神社で「お祓いやっておく？」という話になりました。その場で祈祷をお願いしたのですが、持ち合わせが少なくて三人とも三千円からという当時の祈祷料最低料金で申し込み。靴をぬいで拝殿の中に入り正座して待っていると、鮮やかな着物姿の神主さんが登場しました。と、後ろから遅れてもう一人若い方が……と思ったら、ジャージ姿です！　正面左にある大太鼓の前に立ち、ドーンドーン。太鼓を皮切りに、神主さんによる厳かな祈祷が始まったのですが、目が左のジャージにいってしまいます。全体が緑色で、白い線がタテに一本、裾がすぼまった古典的スタイル。ひょっとして祈祷料が最低料金だと太鼓がジャージ・マンになってしまうのでしょうか？　それともただ着替えが間に合わなかったのでしょうか⁇　ジャージ・マンの表情は見られなかったのです

【＊1】
知人Tさんの祖母は、必ずお賽銭は十五円と決めている。「十分ご縁がありますように」という気持ちを込めているからである。

【＊2】
古代の日本では、まったく違うモノとモノを交換可能にする「貨幣」を、異界とこの世をつなぐものと考えることもあったらしい。

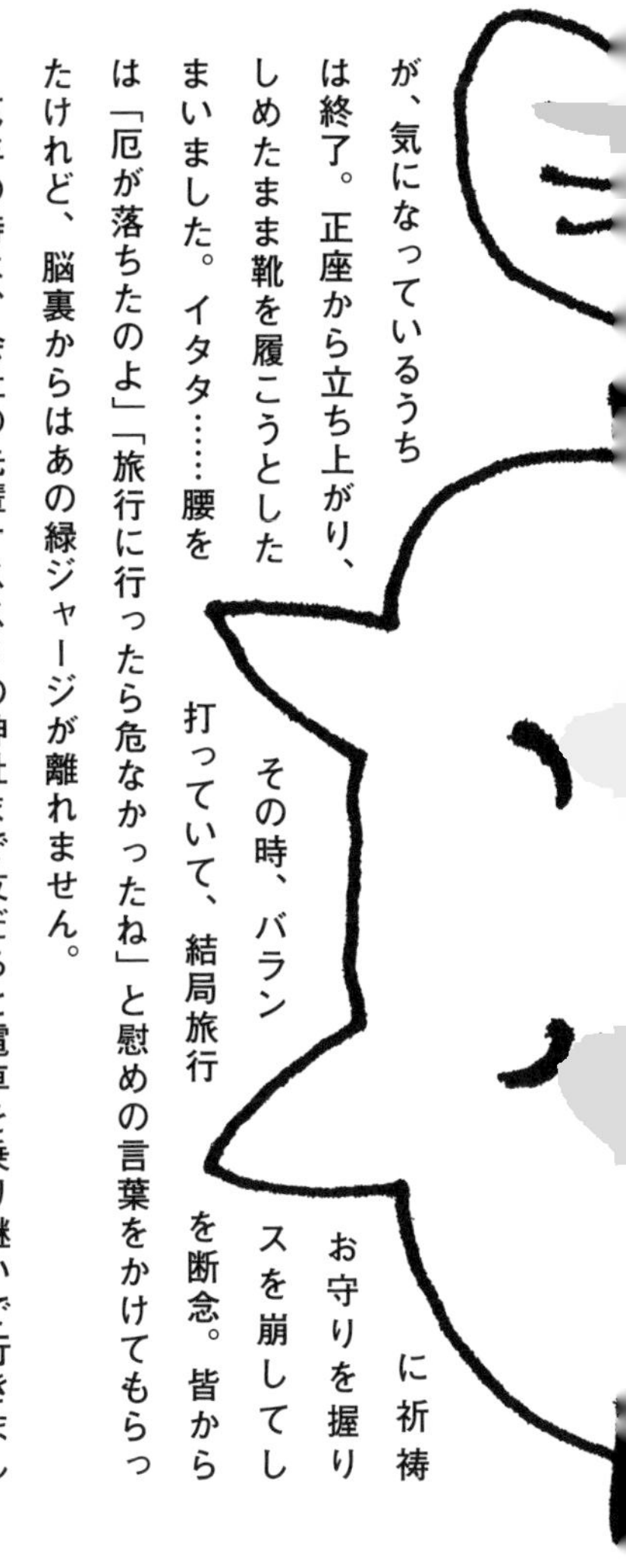

が、気になっているうちに祈祷は終了。正座から立ち上がり、お守りを握りしめたまま靴を履こうとしたその時、バランスを崩してしまいました。イタタ……腰を打っていて、結局旅行を断念。皆からは「厄が落ちたのよ」「旅行に行ったら危なかったね」と慰めの言葉をかけてもらったけれど、脳裏からはあの緑ジャージが離れません。

　厄年の時は、会社の先輩オススメの神社まで友だちと電車を乗り継いで行きました。一生に一度かなと気合いの入った厄払いには、祈祷料もちょっとだけフンパツして、今度はつつがなく終了。ふだん超常現象や宗教的な力を特別信じていたりするわけではないのに、時々「お祓い」や「厄払い」はやっておこうかな、と思うのもあらためて考えると不思議です。こういう目に見えない祈りを、お金というとても生々しいものの助けを借りて送り出す。一見不自然な気もするけれど、お金（貨幣）そのものも、昔は不思議な力が宿る儀礼的で呪術的なものだった【＊2】というから、もともと祈りとお金は、近いところにあるものかもしれません。鎌倉時代には【＊3】、お金を貸したり財産管理をしていたのは一部のお寺や神社だったというから、銭と神社がピッタリ結びついた「銭洗い」という発想もまた、自然だったに違いありません。とはいえ、お祈りは祈祷料【＊4】より、服装よりやっぱり気持ち！（と思いたい）。

【＊3】
当時の日本では貨幣を作っておらず（飛鳥時代708年に造られた和同開珎から約250年間は作っていた）、お隣の中国（宋）から宋銭を買っていた。米や布が貨幣の役割を果たしている時代が長かったが、貨幣が流通するにつれ「銭洗い」も広く行われるように。

【＊4】
祈祷やお守などで、神社に納めるお金を「初穂料」と呼ぶが、これはもともとその年初めて穫れたお米を神仏に供えていたことに由来する。
◎ちなみに「お賽銭」は、本来祈願が叶って神仏に感謝して納める金銭のこと。古くは「散米」お米を供えていた。室町時代に貨幣経済が発達して「散銭」となり、1540年には「散銭櫃（さんせんびつ）」という箱が鶴岡八幡宮寺に置かれたと、別当（責任者の僧）の日記に書かれている。記録ではこれが日本最古の賽銭箱。

オリジナル・グッズは、たのしい

～ココだけ、限定、ご提案したい！

　以前いた会社の仕事で特に楽しかったのは、プレゼント系のキャンペーンを考えること。本業ではなかったのですが、チーム作業でたまに参加する機会がありました。ある食品会社のキャンペーンで考えたプレゼント用のオリジナル・グッズは、カバ型のバターケースで「カバター」、ゾウの形をしたトースターで「ゾースター」、ネコの手の持ち手のバターナイフ「バターニャイフ」etc. IQの低いダジャレ発想に、サインペンで描いた幼稚な絵をつけて社内で発表したところ、皆いいねーいいねーと盛り上げてくれるので、気をよくしてニッコニコ。でも、ふと気づいたら本番の提案にはサッパリ採用されず、誰も本気にはしていなかったとわかったのは、すこし寂しいことでした。でも仕方ありません。今でも自分の考えたグッズは思い出せるのに、何のキャンペーンだったか、肝心の商品が思い出せない。商品より自分のアイディアに気をとられていたのだと思われます。反省！

　いろいろなアイディアが込められたオリジナル・グッズを見ると、ああ、コレを考えた人がいるんだなーと思います。神社やお寺で扱われているものを見ていても、古くから受け継がれてきたシンプルなお札やお守りがある一方で、それぞれの神

社・お寺にちなんだ楽しいスペシャルお守りがあったり、アイディアもの、季節限定もの、キティのようなメジャー・キャラクターとコラボしたもの【＊1】など、工夫をこらしたオリジナル・グッズは多種多様。やはり神社やお寺の中でも、時々打ち合わせ会議があって、誰かがサインペンで絵を描いてきたりするのでしょうか。

　鎌倉の神社やお寺で気になるオリジナル・グッズその1は、鶴岡八幡宮の「強運掴み矢」。太めの破魔矢のようなカタチで、〝玄関などに置き、毎日お出かけの際につかんで強運を祈り、帰宅後一日の感謝を込めてつかむ〟というもの。「強運つかみーや！」というダジャレが感じられるところにも、通販グッズ的なノリが感じられます。その2は、銭洗弁天の「おたから小判」。小判型のお守りで、あこがれの悪代官芝居【＊2】が、ささやかなスケールながら叶います。神社やお寺ではないけれど、鶴岡八幡宮の神さまの使い、ハトをモチーフにしたハトサブレー型チャームの「鳩三郎」はダジャレ・キング。「コケーシカ」【＊3】の、大仏さまが大中小になる「大仏マトリョーシカ」はカタチの魅力。考えた人、うまいです。ええと、それなら紅白饅頭型のお守りなんてどうだろう……名付けて「コーフク饅頭」。それから、それから……と、またサインペンで描いて、どこかの神社に提案できないかな〜。

【＊1】
鶴岡八幡宮オリジナルのキティ健康守。季節限定で、春はキティが静の舞姿となり、秋は流鏑馬、夏と冬はボーイフレンドのダニエルとの2ショットに変わる。

【＊2】
「おぬしもワルよのぉ越後屋、グハハハ」「ナニを仰いますやら御代官様、ムフフフ」…悪代官と強欲な大店の主人が、大判小判をこっそりやりとりする時代劇の鉄板シーンを真似すること。

【＊3】
鎌倉市長谷にある、マトリョーシカとこけしの店。

DIARY @ A BOOKSTORE

鎌倉の春夏秋冬

（後編）

夏、鎌倉は海側に人が多く集まり、お寺や神社の多い山側は人の流れが少なくなります。蝉の他は静かな日、夏休みの部活でしょうか、口々に「ああ〜ナツイ！」「ナツイ〜！」と言いながら、店の前を地元の女子中学生の集団が通っていきました。暑い夏キブンがよく表れていて、スバラしい。

店の表側は歩道も建物もコンクリに囲まれた世界ですが、間口よりも奥行きの深い町屋づくりで、表から見えない奥の土地は別世界。夏の日差しがまぶしい日でも、木の葉がしげってヒンヤリ涼しく、山椒のいい匂いがします。この店の裏側の一番奥にあるのは、お稲荷さんの小さなお社。日本全国、会社のヨコや屋上や、お店やたまに立派なお屋敷の敷地の隅の方に、時々お稲荷さんの鳥居を見かけますが、ここも同じように朱塗りの小さな鳥居が建っています。店主にたずねると、先々代の時に、両隣のお店と三軒でお稲荷さんを祀ることになり、東伏見まで行って（東伏見稲荷社から）御霊《みたま》を分けてもらってお祀りした【*1】のだそうです。以前は鶴岡八幡宮から神主さんを呼んで来て、定期的に祈祷をあげていたけれど、ザンネンながら両隣のお店が持ち主ごと変わってしまい、この店だけのお社になってからは、静かに拝むだけになってしまったとのこと。それでもお社の存在感はとても大きく、そこだけ時の流れからも置き忘れられたような雰囲気です。小さくても鳥居の奥はほの暗く、まるでタイムトラベルの入り口のよう。

帰ってきた店主からまだ温かい白の薯蕷饅頭をもらったことがありました。配達に行った先のお寺で「施餓鬼《せがき》法要」【*2】があったとのこと。さっそく家に帰って、まだやわらかいお饅頭をパクリ……ムムおいしい！　おまんじゅうにも、ケースにも、どこのお店が作ったかがわかる目印は何もなくて、おそらくお寺の法要用に作られたもの。その時は「セガキって何？」と考えもせず、ただ、こんな美味しいものをいただけるとは、お得意さまにお寺があるってイイものだねぇ、と思っていたのでした。

かつて祖父母の家には神棚と仏壇があって、暮らしの中に神さまや仏さまとのつながりがあったように感じますが、自分の生活を考えると、その結びつきはだいぶ薄れてきているように思います。そんな中でも、代々引き継がれて来たお得意さまに、神社の神職やお寺のご住職もある本屋にいると、神さまや仏さまが日常的にだんだん意識されるようになってきます。

九月もだいぶ日が経つと、蝉たちの鳴き声もまばら。ああ今年も夏が行ってしまったなぁと、店番をしながらセンチメンタルになっていると、「だからサ、あたし言ってやったのよ～ガハハ」「そう、それでいいのよ、ガハハハ」店の外には、最強オバチャン軍団を筆頭に、人の波がもどってきました。海に流れていた人の流れが、山側に変わると鎌倉はもう秋。春と並んで、八幡さまに来る遠足や修学旅行の子どもたちも、また増える季節です。

小学生の子どもたちは相変わらず、店を見つけると「あっ本屋だ！」「本屋さんだッ」と叫んでいます。なじみのマンガや雑誌の置かれた本屋は、彼らにとって、知らない土地の中でもホッとできる場所かもしれけれど、実は中にうるさいミセバン・オバサンが待っているのだよ！　ひひひ。

子どもたちだけで歩いていると、キンチョーの反面、冒険気分でちょっと気が大きくなっています。店主によると、かつては万引きもあったそうで、目配りは忘れません。ペットボトルや、マックのドリンクを飲みながら、あるいは近くの店のアイスクリームや、コロッケ、だんご、境内で売っているりんご飴などを食べながら道を歩く姿も見かけます。でも、その流れで本屋に入ってきたら見逃しませんよ。「飲みながら入ってこない！」「キミ、食べ終わってから入りなさい！」このゴミ捨ててもらえませんか、と聞く子どもには、「ゴミは自分で持って帰るのが基本〜！」まさかこんなところにウルサイのがいると思っていなかったのか、はじめ言われた子どもは気づかなかったふりをして、仲間の中に紛れるように視界から消えようとします。しかしここで隠れりゃ無罪放免というのでは、世の中甘イゼと教えるようなもの。こちらも勢いを失わないように、「わかったら、返事しなさい。『ハイ』は?!」と追い打ちをかけます。すると群れの中から、しかたねーなーとも恥かしいーなーともつかない顔つきの当人が首を出し、ボソッと「は〜い」と返事して、またしばらくすると、仲間たちとだんごになってモサモサと店を出ていきます。

子どもたちはいつも、ちょっと憎らしく、かわいい。見送りながら、心の中でまだウルサくつづけます。「何かあったら、来なさいね、先生に電話してあげるから（そのぐらいしか思いつかないところが頼りにならない?:)。友だちと神社やお寺の思い出を大切にするのよ〜」

秋晴れのつづく、一年のごほうびみたいな季節が来ると、団体さんの大型バスは一段と増えてきます。外国人観光客の一団も、バスから降りると修学旅行生と同じように仲間同士、家族などの小グループになって歩きます。ある日、ブラック系アメリカ人家族がお店に入ってきて、中でも一番タテ・ヨコともにビッグサイズのおじさんが近づいて話しかけてきました。「コンニチハ Can you speak English?」こう聞かれた時はいつも「少し」と答えるのですが、するとおじさんは、ヤッター!! という満面の笑みに変わり、「銀行はこの近くにあるかな? 換金したいんだけど」といった意味の英語を、困り顔でゆっくり話してくれました。私が単語を並べて道案内して応えると、またまたおじさん、ニッコ〜リ。そして本棚を指差し「サンキュー! これ買いにまたあとで来るからね」と言い残して足早に立ち去りました。

その後は、パラパラ数人が入ってくるだけの穏やかな日。時々棚にハタキをかけたり、タテ置きの雑誌コーナーに行って、小栗旬やジョニー・デップが表紙の雑誌を手前にもってきて、小栗くんやジョニーと目が合うように並べ替えたりしていました。さっきのおじさんは、無事に換金できたかな、本当に戻ってくるかな。と時々思い出したものの、そのまま時間は過ぎ……やがて店主のバイクが戻ってきました。やっぱりあれはリップサービスだったのかな〜。

と、思っていた時、入り口の方から「あーここ、ここ!」というような英語が聞こえ、顔を上げてみるとあのニコニコおじさんが私に向かって、両手を合わせて入ってきました。「You saved my life!」おお、命の恩人ってことでしょうか? よほどあの時は、セッパ詰まっていたのですね……にしても大げさな。でも、なんだか悪い気はしません。おじさん本人も、大袈裟なセリフに自分でも可笑しくなったらしく、目を合わせて笑いました。こんな会話の上に、人生を愉快にするようなスパイスを効かせるって、いいものです。しかも約束通り、英文ガイドブックもご購入。私がカバーをかけている間、明日は東京に行くのだけれど、オススメの美術館は? といった会話がつづき、だんだんおじさんの英語が早口になっていくのには参りましたが、なんとか単語を拾ってコミュニケーション。ぎこちない英語であっても、気持ちが通じるとうれしくなります。そして、おじさんはいよいよ最後に、〝決めゼリフ、いくぜッ〟といった風情で、私と店主に向かってまず深々と一礼しました。そして、元気いっぱい「コ・ン・ニ・チ・ハ!」と、言ってしまいました。アッと、すぐにおじさんも間違いに気付いて「Oh! No no, no, no. サ・ヨ・ウ・ナ・ラ!」と言い直してお別れ。きっともう二度と会えることはないけれど、おじさん、どうぞお元気で!

【*1】分けてもらった霊=分霊。分霊を他の神社に移して祀ることを勧請(かんじょう)という。
【*2】「餓鬼」とは、仏教で考えられている死後の六つの世界(六道)の一つ「餓鬼道」に堕ちて苦しむもののこと。「六道」は、上から天上道・修羅道・人間道・畜生道・餓鬼道・地獄道。「施餓鬼」は、餓鬼に堕ちてしまった衆生(生命あるもの)をはじめ、この世に在るすべての霊に食べ物を施し、供養すること。お盆の頃、先祖の霊を供養することと合わせて行われることが多い。

第七章

円覚寺

ボン・ノー？ぜんぜん

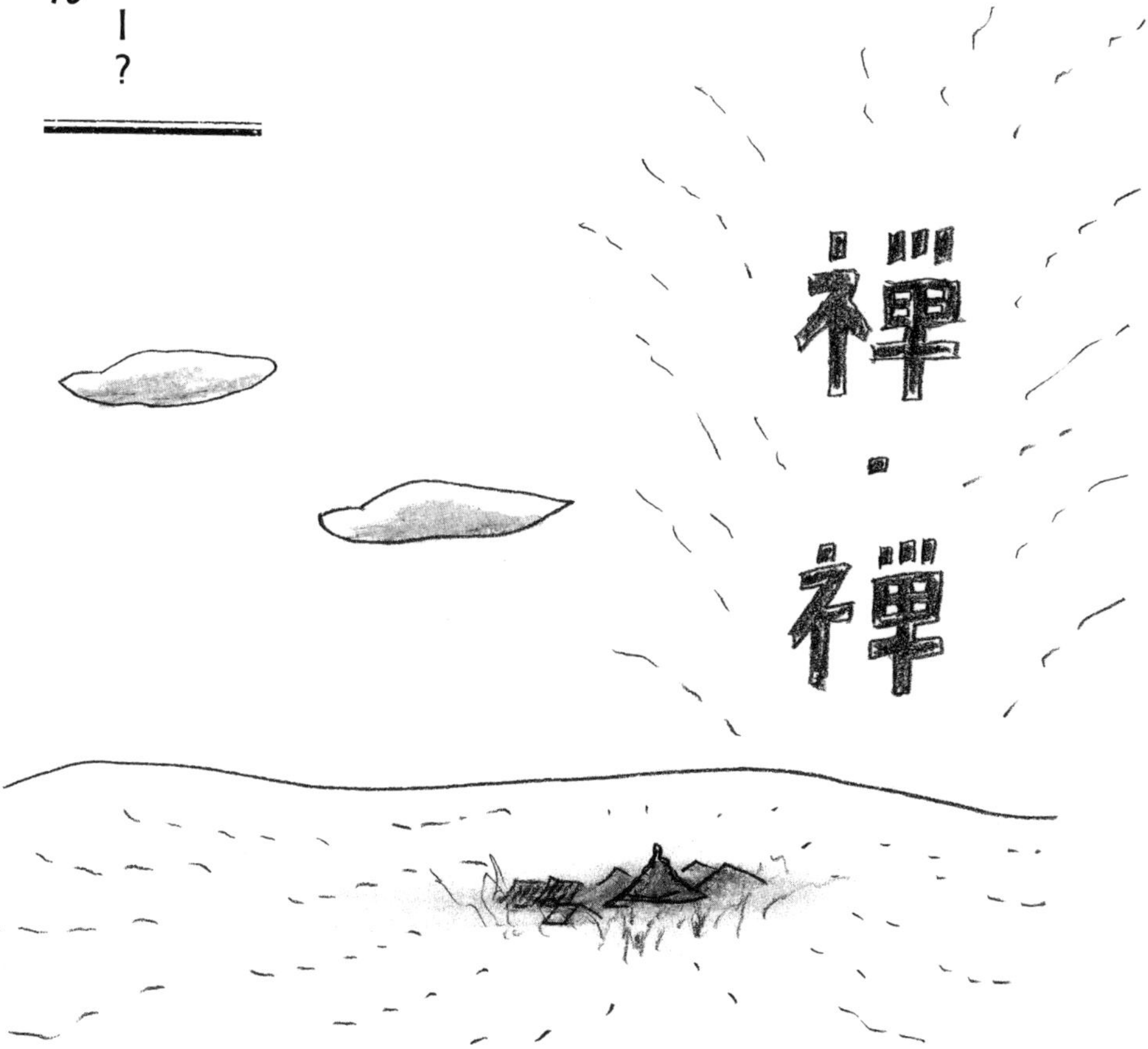

◎正式名称	瑞鹿山円覚興聖禅寺（ずいろくさんえんがくこうしょうぜんじ）	◎創建者	北条時宗（開基）無学祖元（開山）
◎宗　派	臨済宗円覚寺派	◎拝　観	8:00–17:00（4–10月） 8:00–16:00（11–3月）
◎本　尊	宝冠釈迦如来	◎拝観料	大人300円、小人100円
◎創　建	1282年（弘安5年）	◎アクセス	北鎌倉駅より徒歩1分

Let's go to Engakuji temple!

円覚寺への、おすすめルート&ガイド

1

「坐禅は、サセン！」などというオヤジ・ギャグ【＊1】がまだ記録に残されていない鎌倉時代、「禅（禅宗）」は仏教界のニュー・ウェーブでした。立派なお寺や宗派がすでにたくさん並んでいた京の都で、なかなか認められなかった禅宗【＊2】を、初めにサポートしたのは政治界のニュー・ウェーブ鎌倉武士。禅の質実剛健な気風や、「仏」は一人一人の中にいると考える自己肯定的スピリッツも、武士の気骨にピッタリ合って、最先端の文化として、また鎌倉幕府の精神的な支えとして受け入れられていきました。円覚寺は、寿福寺、建長寺【＊3】につづいて鎌倉に誕生した禅宗の寺で、建立の目的は、元との戦い（元寇【＊4】）によって亡くなったすべての人の霊を、敵・味方に関係なく慰めるため。やがて本格的な研修道場を備えた円覚寺は、建長寺と並んで、武士の学び舎としても重要な拠点になったようです。

2

円覚寺へのアプローチは、ＪＲ横須賀線の北鎌倉駅が基点になります。北鎌倉駅のホームでも、駅の前でも、着いたら、ハイＯＫ、円覚寺にも到着です……と、いうのは、つまり北鎌倉の駅そのものが、円覚寺の境内の中にあるのです。電車の線路が走っているのは、池の真ん中。なぜこんなトコロに池があるのだろうか？と以前思っていましたが、本来は「なぜこんなトコロに線路が？」なのですね。池の名前は「白鷺池」。鶴岡八幡宮の神さまの霊が白鷺の姿となって降り立ったとい

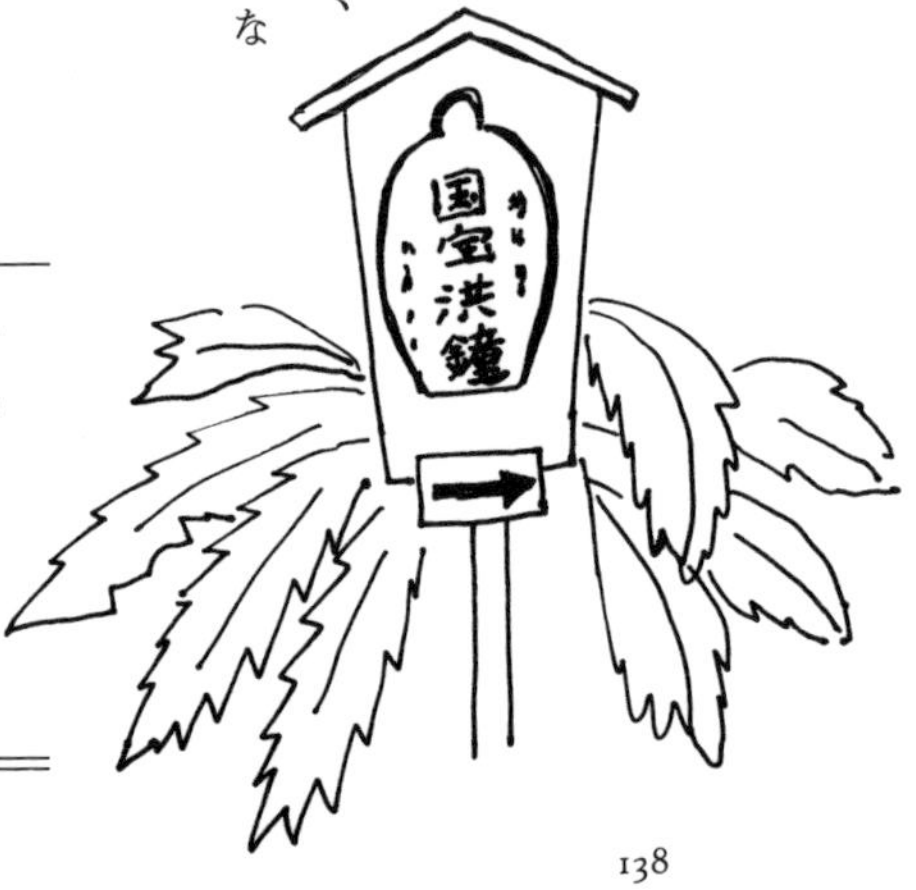

【＊1】
ダジャレなど言葉遊びを、主に中年以上の男性が使うことから総称される。思春期前の子どもには、ウケる傾向がある。

【＊2】
平安時代には日本に入っていた禅宗だが、現世利益を期待する公家社会に、〃修行と悟り〃という性格は合わなかった。その後、宋で学んだ栄西（１１４１－１２１５年）たちも、はじめ都で布教するも、既存の宗派から排斥を受ける。栄西は１１９５年博多に日本初の禅寺「聖福寺」を建てた後、鎌倉に向かった。

う言い伝えのある池ですが、半分近く埋め立てられて、明治二十二年、軍港横須賀に向かう横須賀線の開通とともに車両が横断。「電車に乗りながら、円覚寺にいる」という状態が発生しました。現代ならきっとあり得ない設計ですが、大胆というか何というか……明治時代おそるべし。

3

さあ、では白鷺池と踏切を渡って、石段を上っていきましょう。「総門」（禅宗寺院の表門）があります。仁王さまなどはおられず、小ぶりでサッパリした佇まい。上部中央には「瑞鹿山《ずいろくさん》」という山号【＊5】の額があり、表札がついたお寺の玄関といったところ。コンニチハ、おじゃましま〜す〜。

左の窓口で入場料を払い、小さなパンフレットをもらって中へ進むと、禅寺の特長その1、「山門」が待っています。門というより、二階建ての建物。柱の丸木がスバらしく太く立派です。この山門は「三門」ともいい、くぐると三大煩悩【＊6】から解脱できるというので、ぜひくぐらなければ……くぐってみると……どうでしょう？ 心の重荷、煩悩が抜けたらき

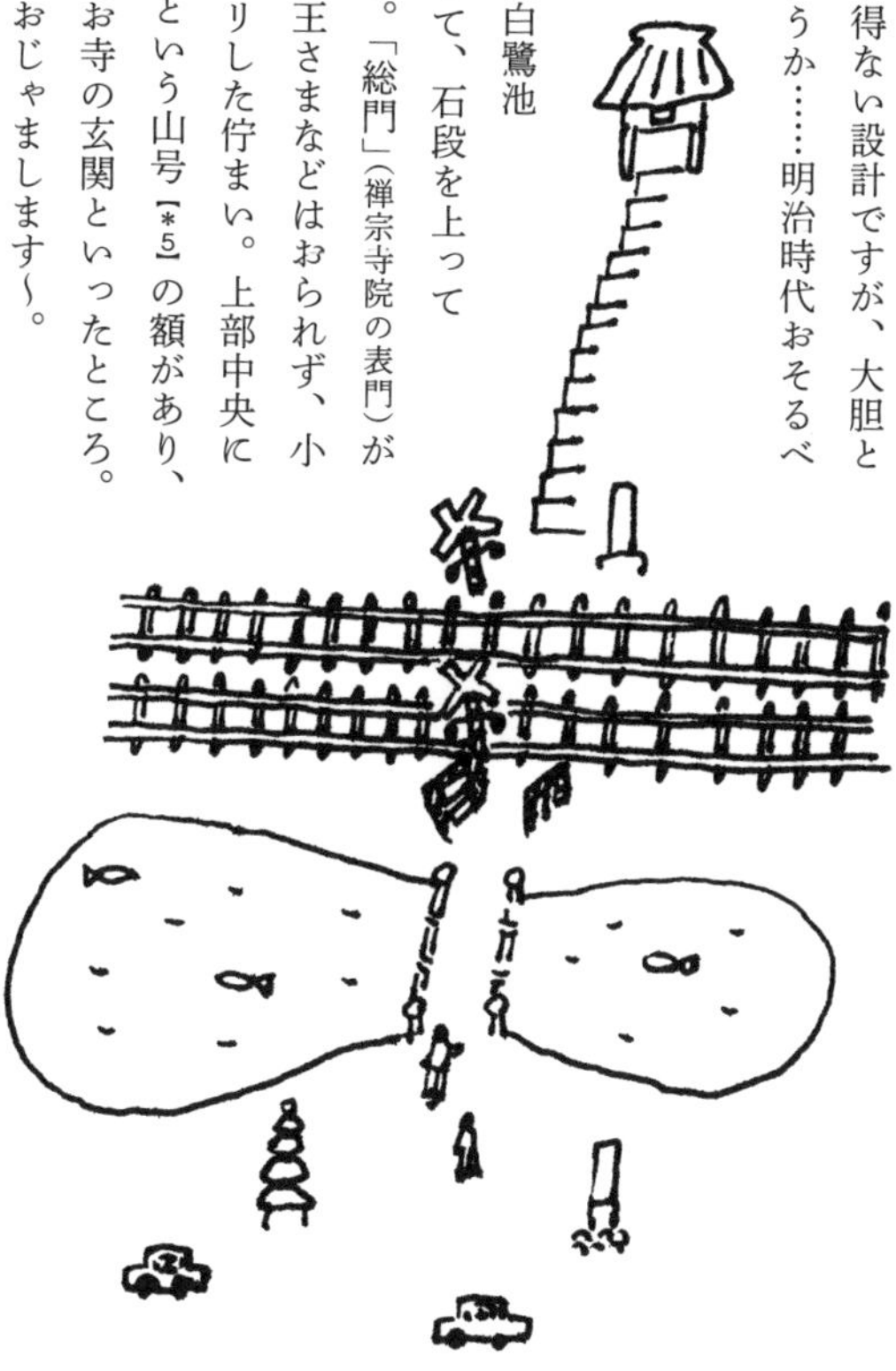

【＊3】1253年（建長五年）に鎌倉幕府キモ入りで建立された、日本初の本格的修行道場を備えた禅寺。

【＊4】当時の中国大陸を支配していた蒙古（モンゴル）帝国「元」の襲来。1274年の文永の役、1281年の弘安の役の二回で、鎌倉幕府衰退の一因となる。

【＊5】山号は、寺院の上につけられる山の名前。山に建てられることの多い寺院の場所を表したり、霊山の霊力を付与するという狙いや、経典の中の山名がつけられることもある。山号のない寺院もある。

【＊6】煩悩の根源「三毒」と同じ。貪欲（むさぼること）・瞋恚（しんに＝いかり）・愚痴（おろかさ）

っと、自然にカラダも軽くなるもの。ちょっとスキップしてみますか。大丈夫、ぜんぜん、誰も見ていません。多少ヘンなコトをしても流してもらえるのは、観光地のいいところ。心なしか、清々しいキモチです。しかし、短時間で抜けた煩悩は、短時間でもどってくる気も……。

4

ボンボンボンと、立派なビャクシンの古木が並んだ先に見える建物は、「仏殿」です。「総門」「山門」「仏殿」がほぼ中央に一直線に並んだレイアウトが、禅寺の特長その2（特に宋の禅寺方式）です。道はそのまま真っ直ぐ奥の山の方へ幹のように伸び、左右に枝が伸びるように「塔頭《たっちゅう》」【＊7】や道場などの建物が配置されています。

「仏殿」に入ると、中央奥には、冠をかぶったお釈迦さまがおられます。円覚寺の本尊、宝冠釈迦如来像。頭部は鎌倉時代、カラダは江戸時代の作。両脇でお釈迦さまを助けているという梵天【＊8】と帝釈天【＊9】にもご挨拶します。天井を見上げると、雲の間にカラダをウネらせた龍がいます。「雲竜の図」。龍も仏教界を守る神さま（龍神）で、仏教の教えを降らせているそうです。目には見えないドラゴン・シャワーをじっとイメージ。特に禅宗では大事にされてきたモチーフなので、禅寺の特

長その3です。

しかし照明もなく薄暗く、全体にサッパリとした印象。参拝客に〝見せる〟ことを意識していない感じが気になって、後で調べてみると、ココでは台風や大雪でもない限り、毎朝早朝に一般の人が参加できる「暁天座禅会」が行われているそうです。予約も不要、しかも無料。「観る」ためにというより、坐禅を「する」ために開かれているところなのですね【＊10】。これぞ、禅寺の特長その4。

5

「仏殿」の左側にはあまり大きくない坐禅道場「選仏場」があり、そのさらに左奥には「居士林」【＊11】と呼ばれる一般の人用の坐禅道場があります。居士林は入口が閉まっているのでふだんは中を見られないのですが、毎週土曜日の朝の座禅会、その他年二回、夕刻から翌朝まで一泊する学生座禅会が行われ、申し込み自由のようです。

さらに境内の奥へまっすぐ進むと、だんだん道はゆるやかに上り傾斜になっていきます。仏殿の後ろ側にある大きな建物は「方丈」。本来は住職の居間となる場所ですが、法要などの宗教行事の他、一般の人は毎週日曜日午前中の「日曜説教坐禅会」で入ることができます。ナルホド、道場がいっぱい。坐禅のチャンスもいっぱい。

観光で入れるのは、お庭です。巨大なビャクシンの向かい側には、石造の観音像を集めた「百観音」が並んでいます。立体的な像と、ペッタンコの平たい石に画

【＊7】位の高い僧の墓塔がある支院（小さな敷地）で、墓地になっている。

【＊8】梵天＝帝釈天とともに、「天」グループ（→P.73）の二大看板「二大護法善神」。古代インドのバラモン教では〝万物の根源〟を意味する神。

【＊9】帝釈天＝古代インドでは武勇の神だが、悟りを開く前からの釈迦を助けて、説法を聞き、梵天とともに釈迦の布教を勧めたとされる。

【＊10】円覚寺では、一般の人が参加できるさまざまな禅プログラムがある（→P.153）。

【＊11】「居士」は、出家をせず在家（家庭）で修行を行う仏教信者のこと。転じて、戒名の末尾につける尊称にもなる。

を彫った像の2タイプがあり、それぞれ違う人が彫ったものなのか、姿もカタチもさまざま。お詣りに来た人たちの遊びゴコロで、一円玉が、観音さまの腕や手のひらの上に積み上げられるように供えられています。〝どこまで積めるか〜〟という見えない誰かとの共同作業。お財布にある一円玉数枚分、参加してみますか。

6

方丈を出ると、左手に「虎頭岩」と呼ばれる岩のある庭園（妙香池）があります。その先さらに上り勾配を歩いて行くと、円覚寺を開いた北条時宗などが祀られた「仏日庵」や、坂道の突き当たりにある夢窓疎石の墓塔がある「黄梅院」にも入ることができます。仏日庵では、オーダーすると緋もうせん（赤いフェルト）で抹茶に小鳩落雁をいただくこともできるし、黄梅院の庭でも、きっと夢窓疎石が好きだっただろうな、というさまざまな草木を楽しめます。どちらも規模から言って、誰かの家の庭先に、チラッとおじゃましているような感じ。とっても親切な人の、とてもいい庭です。でも、お座敷には上げてもらえない……といったフンイキ。虎頭岩のある庭園も中には入れず遠くから眺めるだけ。国宝の舎利殿に至っては、「正続院」の手前に通せん棒があって、百メートル以上手前から目をこらすしかありません。自由に歩き回れ、とってもオープンに受け入れられているようでいて、コレを見たら満足！というテンションがつかめません。うーん。なんだか不思議なお寺です。コレもまた、つまるところ中心は、修行者そのものの中にあるから……というところに行き着くのでしょうか。ハイライトなきランドスケープ【*12】……ココでは現役道場のある禅寺の特長その5としてみますが、お寺の個性にもよるかもしれません。

7

円覚寺が開かれた時に、無学祖元【*13】の説法をいっしょに聞いた白鹿がいた【*14】そうで、白い鹿はめでたいと、円覚寺の「山号」を「瑞鹿山《ずいろくさん》」と付けたそうです。かわいいエピソードを思いながら、帰路はバンビ気分で跳ねていきます。大丈夫、下り道なので誰もが跳ねぎみ。バンビ・ステップくらい自然です。方丈の入口前で、左の方に行く道があるので辿っていくと、左側に階段の登り口があり、鳥居が立っています。ここは「弁天堂」の入口。もうココが最後です。上ってみましょう。これがなかなかの階段で、鼻息コントロールも修行、涼しい顔も修行のうち〜とブツブツ自己暗示するのも途絶えがちになりますが、登頂を遂げ、てっぺんに降り立つと、弁財天を祀った弁天堂と、一三〇一年に造られたという国宝の鐘（梵鐘《ぼんしょう》）が迎えてくれます。鐘の身長は二・五九メートル。〝江ノ島の弁財天の教えのおかげで鋳造に成功した〟ためにココに弁天堂を建てたというほど、鐘づくりの技術は難しかったようです。

弁天堂は、円覚寺の境内を上から見守るように立っています。ヨコの茶店からは、晴れた日に遠く富士山まで見えるというほど、スバラしい視界。夏は冷たい（冬は暖かい）柚子茶（ゆずネード）をいただくと、ココまで来てよかったなあ、という気持ちになります。あ〜これぞやっと、ストレートな満足感を得られた瞬間！

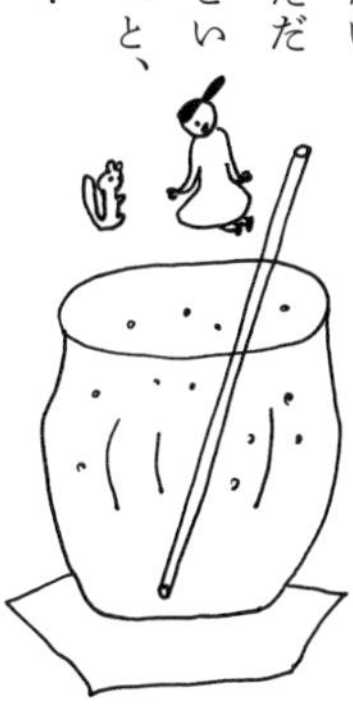

【*12】landscape 景色。景観。

【*13】1226−1286年 北条時宗の招きで来日した中国の僧。それまで時宗が師事していた蘭渓道隆（らいけいどうりゅう）の死後、建長寺のトップになり、元寇対策にも影響を与えたといわれる。円覚寺の開山となる。

【*14】その場所は「白鹿洞（びゃくろくどう）」と名付けられている。黄梅院の手前。◎また「円覚寺」という寺の名前は、寺を建てようと地面を掘ったところ、「円覚経」がおさめられた石櫃（せきひつ）＝石製の箱型入れ物が見つかったことに由来する。

SURPRISE

穴場は、たのしい

～かくれんぼで、みっけ！

小学六年生の昼休みは、二人一組になって、学校全体を使う大規模かくれんぼに熱中していました。鬼は学校中を探さなくてはならず、かなり大変。楽しいのは隠れる方で、スミッコへ、裏へ、狭いところへ、目につかないところへ……と、身を隠す場所を探すのに毎回ワクワクしました。学校にはもう六年いるのだから、どこに何があるか全部わかっているつもりでも、ココはナニ？という謎のスペースや、踏み入れたことのない場所が、次々に見つかります。音楽室の楽器部屋、講堂の舞台裏など、物陰がたくさんあって、誰の気配もしない空間にもドキドキ。ある日視聴覚室に隠れていた時……クンクン……ン？　ヒンヤリ静まりかえった視聴覚室の中で、場違いな甘い匂いがプ～ンと漂ってきました。「ねえ、パイナップルの匂いがしない？」「するする！」うす暗い中を捜索していくと、匂いが強く感じられる場所を発見。それはドアのついた映写機ブースで、まさか、ホントに？と思いながら開けたところ、機材のヨコに立派なパイナップルがシャキーンと立っていました。「なんでー？」と友だちと目を合わせて一瞬固まった後、ゲラゲラ笑い転げました。

ああ、懐かしかったあの頃〜という話ではなく、神社やお寺を歩く時のオモシロさも、あの学校かくれんぼ探検に似ているなあと思うのです。初詣やお祭りの時は、皆でぞろぞろ賑やかにしているのが楽しい。初めて行く時は、まずやっぱりメインコースを歩きたいし、花のきれいな季節もいい。でも、人の流れからちょっとハズレた方が、意外なものを発見したり、いつもと違うフンイキを味わえたりして、予想外にオモシロイことがあります。例えば、大きな神社なら外側の輪郭に沿って歩いてみたり【＊1】、お寺の裏手の墓地【＊2】や守護神社【＊3】まで足を伸ばしたり、連休の後・アジサイの終わった頃・梅やサクラや紅葉のちょっと前・それから炎天下の真夏にあえて行ってみる。つまりフツウ「しまった！」という時期です。暑い日も緑の深い神社やお寺は、風が涼しく気持ちよく、反対に枯れ木の冬なら、空が広く感じられ、遠い景色や、建物の輪郭が際立って見えたりします。もう十分用意されたものを堪能するのではなくて、自分のセンサーが自然に反応したり、個人的ラッキーを発見する楽しみ。コレを見なくては、というものに縛られないので、例えば一緒に行った人が、何をオモシロいと思うかを知るのもオモシロい。ただし穴場のシーズンは、寺社の方も「さあさあ、どうぞ」と気合いの入ったタイミングではないので、閉鎖中・修理中の類の可能性も、少々ご容赦を。

【＊1】
鶴岡八幡宮では、赤い鳥居の丸山稲荷社や、白ハトの飼育場などあり。

【＊2】
寿福寺の墓地には北条政子や実朝を祀った祠がある。東慶寺の墓地では著名文化人のお墓にお参りできる。

【＊3】
建長寺の鎮守として裏山の中腹に祀られた「半僧坊」など。半ば僧・半ば老人の姿をした仏さま（半僧坊）のお供とされる烏天狗の像が何体も、岩山から出迎えてくれる。

ZEN

禅ワールドは、たのしい
〜大拙ガンバる、拙者もガンバる？

日本が好きなのに、地震がコワイから行けない、と言っていたテリー、今はどうしているでしょうか。彼女は白い紙に墨で繊細な絵を描くアーティスト。作品と同じようにスリムでしなやかなスタイル。「禅」の勉強もしていて、日本人なら当然知っているよね、というテンションで「ダイセツ・スズキの本をたくさん読んだワ」と（英語で）話をされたものの、誰かわからず……「あれ、ダイセツ知らないの？」アメリカで仏教に興味がある人は、皆彼のコトを知っているというのです。その時の私は、むなしくただ「ぜんぜん【＊1】」と答えるばかりでした。

その後、テリーから一度手紙が来て、英語で返事を書くのに手こずっていた頃、9・11事件【＊2】が起こりました。それから怒濤のように戦争【＊3】に進んでしまったアメリカは、もう気軽に遊びに行くことのできない遠い国のようになってしまいました。

交流も途絶えたまま、再びダイセツの名に触れたのは、円覚寺について書かれた本を読んだ時でした。「禅」を欧米社会に広く知らしめたのは、円覚寺の明治時代のリーダー釈宗演《しゃくそうえん》【＊4】と、弟子で通訳をつとめた弟子の鈴木大拙《すずきだいせつ》【＊5】だというコト。

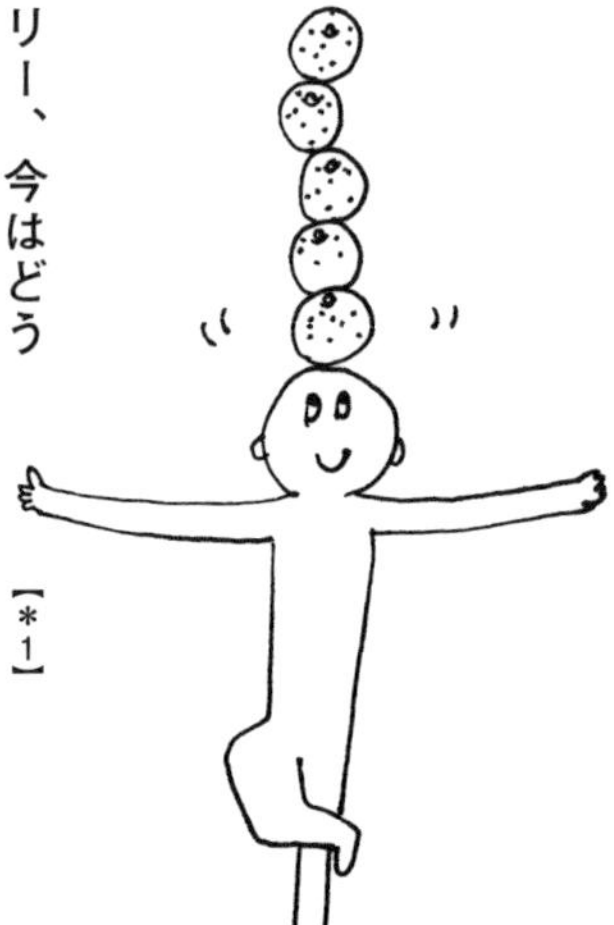

【＊1】サントリー・ウイスキー「膳」のTV-CMで真田広之が発するセリフ。

【＊2】2001年9月11日のアメリカ同時多発テロ事件。4機の旅客機がほぼ同時刻にハイジャックされ、2機がニューヨークの世界貿易センタービルのツインタワー、1機がペンタゴンに突入、1機は墜落。世界が震撼した。

【＊3】対アフガニスタン、イラク戦争

【＊4】1859－1919年。円覚寺二〇七世（管長）。1892年にシカゴで開かれた万国宗教会議に出席し「禅」について世界で初そして鈴木大拙は、欧米での釈宗演の講演に同行した後もアメリカで仏教研究を十数年に渡って行い、いくつもの書籍を出版したため、仏教といえばダイセツ、仏教といえばＺＥＮと、言われるようになったというコトを知りました。他の宗派に対しても攻撃性を感じない禅宗は、穏やかなテリーの人柄にも合っているようでした。

インドの大乗仏教【*6】の一流派として、達磨さん【*7】が開いた禅宗。中国で広められ、日本にはお饅頭・羊羹の原型やお茶といっしょに入ってきた（→P.22）のち、寺での食肉が禁じられるなど、さらに独特の発展を遂げました。それがＺＥＮとして世界に発信されたために、宗教の枠すら越えて、すっかり日本を代表する文化の一つのようになっている「禅」。何だかお父さんやお兄ちゃんを差し置いて、一番地味だった弟がいつの間にか有名になってしまったような、こそばゆい感じもあるけれど、これもダイセツさんたちのおかげです。いつかまたテリーに会えることができるなら、いっしょに円覚寺の門をくぐって、坐禅を組んでみたいなあ。そうしたら僧侶の話を、今度は「大拙」ならぬ、ただの「拙者」が、がんばって訳して伝えるのでござる。ウロンな英語だって、テリーはきっとニコニコ聞いてくれるから。「ノー・ソックス・プリーズ」うーん、考えてみれば、禅については彼女の方がずっと前から知っていて、詳しいのでした。拙者は教えるより、教わらなくちゃ。

めて講演した。その後も欧米諸国を巡り、思想界の大きな注目を集めた。

【*5】
１８７０－１９６６年。釈宗演の弟子。宗演の通訳を務めた後、アメリカで仏教研究者として著作活動を行い、ＺＥＮを世界に広めた。

【*6】
インドではじまった仏教は、広まるにつれてさまざまな解釈や修行方法が生まれ、いくつもの流派に分かれていった。それらは大別すると、仏さまは釈迦だけで釈迦の教えを忠実に守ろうとする「上座部仏教」と、すべての生き物たち（一切衆生）を救うために経典の中にさまざまな仏さまが登場する「大乗仏教」に分かれる。

【*7】
5世紀の南インド王子として生まれ、中国で活躍した禅宗の開祖。百五十歳まで生きたといわれる。赤くて丸い「ダルマさん」の置物は、達磨が坐禅をする姿から生まれた、日本の縁起物。

KLEZA, BON–NO

ボン・ノーは、たのしい？

〜煩悩は、おそるべし！

人間の苦しみの根源は「一〇八の煩悩」【＊1】にある、と仏教ではいいます。禅宗では、坐禅や修行によって煩悩を払い、ひたすら心を無にすれば、「内なる仏」が目覚めていくと考えます。人間の内側にはもともと仏があり【＊2】、これに気づくことが悟りの道への第一歩とのこと。私の中にも仏はいるのでありますか！　自分を肯定的に考えてもヨイのです。おだてられれば木に登る人間としては聞いただけで元気になります。しかし、問題は心を取り巻く煩悩さんと、どのようにお別れするか。

以前二人の先輩が、いっしょに比叡山延暦寺の「一日回峰《かいほう》行」【＊3】に参加しました。一日約三十㎞の山道を踏破する巡礼を、七年かけて千日間行う荒行「千日回峰行」の、一日体験版。昼間、ありがたい講話を伺って精進料理をいただき、仮眠。深夜二時から出発します。暗闇の中、峰々の寺院・神社・霊石などを巡礼し、そのたび煩悩が落ちていくようで、だんだん心が澄んでいくような感覚になったとか。そしてさあ、いよいよもうすぐ延暦寺に帰着だというその時、A先輩の中に「自分が先にゴールしたい！」という思いがムクムクと湧き上がってきたそうです。しかし

【＊1】
煩悩とは、心身をとらえて悩ませ、知恵を妨げる心のこと。人間の煩悩は、前世・現世・来世まで合わせて一〇八あるといわれる。煩悩を祓う「除夜の鐘」も一〇八鳴らす。

【＊2】
「仏性（ぶっしょう）」といわれる。仏の性質、本性を持っていること。仏性が十分に発揮・活用された状態によって成仏する（＝悟りを開いて仏になる）ことが、修行の究極の目的とされる。

【＊3】
比叡山延暦寺では毎年1回、ふもとの律院では4〜10月毎月1回行われている。深夜から朝までの間に15㎞〜25㎞の山道を踏破し、百ヶ所もの聖地で拝礼する。

どうやらB先輩にも同じ気持が……。二人は黙ったまま小走り、やがて本気の走りになって、他の人たちまで押しのけてワレ先に、とゴールに向かって……あッ？　気づけば、再び煩悩だらけの自分たち。今までの巡礼は、ありゃなんだったんだ？と思ったそうです。煩悩は、なかなか落ちない手強いヤツ。

それなら、ふつうの生活の中だって修行の場。日常生活でいつも「ワレこそは」「私が私が」の気持ちを捨てて、「どーぞ」と「どーも」の精神になってみようと思います。スーパーのレジで自分の列だけが遅かろうと、お目当てのクロワッサンの最後の一個を前の人にとられようと、美容師さんに前髪を短く切られようと、キミはバカだねハハハハと笑われたら、アハハハといっしょに笑う相模湾【＊4】のように穏やかな人間になるのです。でも、こういうコトで、煩悩って落ちるものなのでしょうか?!　煩悩が剥がれ落ちると、ペリッと音がしたり、誰かから証明のシールやハンコをもらえたり、及第試験があれば、あー、あと煩悩も八十個だなあ、などと励みにもなるのですが……。もうこうなったら現実は、ひたすら生きている限り煩悩を自覚していくという方法はどうでしょうか。「どーぞ」と「どーも」の変わりに、いつも「ボン・ノー」「ボン・ノー」と呟いてみる……スミマセン、本当は私だって真剣なのですが、どうも思いつく方法が安易です。やっぱり、坐禅に行きます。でもまた煩悩が、頭の中で「暖かい日にね」とササヤキかけます……。

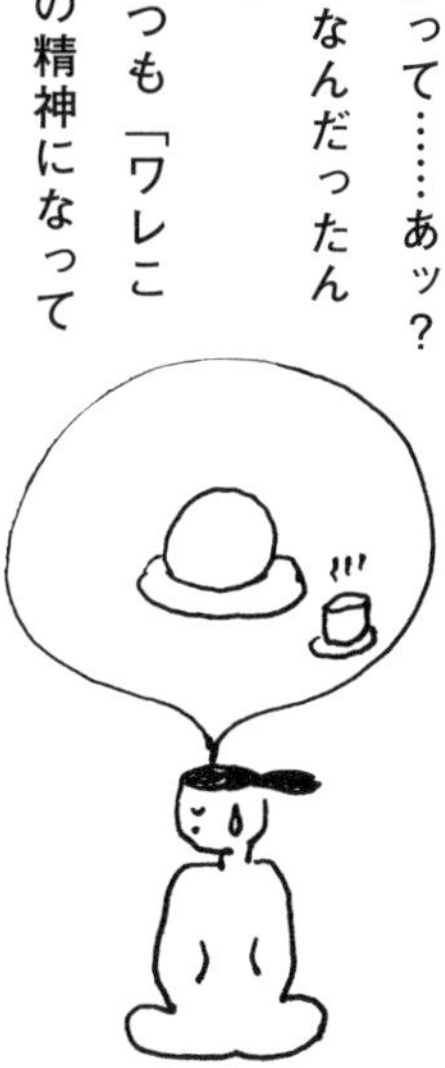

【＊4】神奈川県に面した湾状の海域。温暖な気候や海の幸に恵まれて、穏やかなイメージだが、実は海岸から沖合1㎞で水深100ｍに達するところもあり、さらに沖合の深海とつながっているため、大型のジンベイザメや、マッコウクジラ、イルカ類も多数見られる。

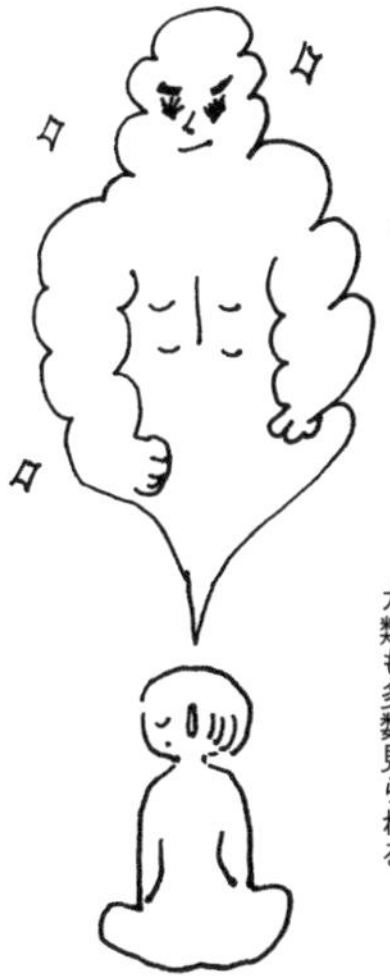

ACCIDENT

修行僧に会うのは、たのしい

〜托鉢の雲水は、とてもアクティブ！

ある土曜日の朝九時半頃、外から「ホー」「ホォーー」「ホォォー」という低音で歌うような男の人の大きな声が、重なり合いながら聞こえてきました。禅宗の修行僧「雲水」【＊1】の托鉢【＊2】です。まだ姿が見えて来ないけれど、その響きはだんだん近づいてきます。これまでにも数回、家の近くを歩いておられる雲水を見たことがありました。

初めて「ホォーー」という不思議な声を聞いたのは、鎌倉に越してきた年の春でした。一体何事かとビックリ。大きな声は、何だかカッコいいけれど、少し怖い。急いで外へ出て、門から首をのばして見たところ、ちょうど向かいの門戸を廻って立ち去ろうとしていた雲水の一人と目が合ってしまいました。私がお布施をしに出てきたのかと思われたようで、雲水はその瞬間こちらへパッと一歩踏み出したのですが、私はどうしていいかわからず、逃げるように家の中に入ってしまいました（ごめんなさい）。その時の雲水の機敏な反応！　とても印象的でした。それまで見たことのある「托鉢僧」は、渋谷の

【＊1】
「行雲流水」という言葉から、様々な師を訪ねて修行に励む禅僧を指すようになった。
道場での厳しい修行の様子は通常一般には非公開で、玄侑宗久氏の著作や、岡野玲子原作のマンガ「ファンシーダンス」や同名の映画から垣間見ることができる。

【＊2】
修行僧が、お布施の米や金銭を「鉢」で受けてまわること。修行を経済的に支える手段の一つでもあり、修行でもある。「ホオーーッ」の叫びは、はじめ新参の雲水さんには、なかなか大きな声が出せないものだという。

スクランブル交差点近くの歩道や、電車の高架下などで、大勢の人の流れの中でただ一人黙ってじっと立つ姿でした。時おり鐘を鳴らすくらいの小さな動きしかしない「静」のイメージ。でもこちらで出会う雲水は、声も大きく動きも速い。とても「動」な托鉢です。

　声が近づいてきたので二階の窓から見ていると、一人ずつバラバラと右の家の角から現れました。丸い鉢を伏せたような深い笠をかぶり、紺の着物で脚半に草鞋、素足です。前垂れのようになっているところに「建長」という文字が読めました。四人一組で廻られていて、一人ずつがそれぞれの家やお店の前に立ってしばらく「ホォー」の声をのばして待ちますが、誰も出て来ないと次へと急ぎます。他の三人が先に行ってしまっている時は、追いかけるようにタタタッと小走り。静かな住宅街の中で、やはりとてもアクティブでした。

　お店の多い地区では、街中全体を廻るのとは別に、定期的に決まった「供養主」のところに行く托鉢僧とも出会えます。私が店番を手伝っている老舗の小さな本屋『邦栄堂』では、たまたまその日に巡り会うと、円覚寺か建長寺の雲水の読経に立ち会うことができます。まず入り口で一礼され、こちらも礼をすると入られて、ロウロウとよく響く声で読経が始まります。間近なので大迫力。言葉はよく聞き取れないのですが、最後の方でお店の名

前を言われている様子。ありがとうございます。読経が終わると、店主から教わっているように決まった金額の「日供《にっく》」を寄進するのですが、その時雲水は手前の袋の中から小さな手帳のようなものを取り出されるので、その上に乗せるようにしてお渡しします。その日供を雲水は、直接手では触らないようスーッと滑らせるよう袋へ。私一人の時だと、雲水独占会です。もったいないやら、ありがたいやら。こんな私のために、恐縮です……あいえ、私ではなくお店のためですね。雲水の、すり切れた草鞋をひもで繋いだような足下を見ると、「がんばってくださいー！」と思わず声をかけたくなります。

Let's experience

ZEN MEDITATION

坐禅

円覚寺　日曜説法&坐禅会に行く

2009.10.11 am9:00–11:00 @大方丈

ｗｅｂで円覚寺のホームページを開くと、初心者が予約なしにタダで参加できる坐禅会が一年を通して毎週のようにあります。学生時代に友だちが一人、体験した話を聞いたけれど、自分でのぞかない限り、想像の世界です。そこで秋晴れの日曜の朝、意を決して自転車で北鎌倉の円覚寺へ出発しました。

◀ママチャリの山越え

鶴岡八幡宮側から県道21号線、上り坂はどんどん急になって、やはりいつものように建長寺の手前、巨福呂《こぶくろ》坂トンネルに辿り着く前にギブアップ。ゼイゼイ息を切らしながら自転車を押して峠を越えました。その後の下りは爽快にして順調、十分前には山門に到着。まだ朝八時台だというのに、境内には老若男女、日本人も外国人も、すでにたくさんの人が歩いています。

会場の「大方丈」を目指して歩いている人がいないので、参加者は少ないのかな……と思って着いてみると、大きなカン違いだったことが判明。中の様子は見えず建物はシーンとしているものの、下駄箱にクツがズラズラズラーッと並んでいます。入口でお経の書かれた『修養聖典』というジャバラに畳まれたモノを受け取り、座敷に入ると、うわー！　印象では平均年齢六十五歳くらいの人人人。男女比は７：３

で、おそらく二百人以上がギッシリ。正座して、奥を向いて待っています。男性はジャケットを羽織り、女性も普段着よりちょっとキレイにしたような服が多く、ジャージ姿は見渡したところ私だけ。webの案内でたしか「坐禅しやすい服装　ジャージなど体を締め付けない……」と読んだ記憶があったのだけれど……。山越えをしてきたので、どうかご勘弁を。

◀読経でハイ

後ろから、円覚寺の管長《かんちょう》＝僧侶のトップ、足立大進老師と数人の僧侶が入って来られました。本屋さんの店頭で、足立大進老師の著書『即今只今』の表紙に載っている写真を見ていたのですが、小づくりの目鼻に温和な印象は変わりません。後方に座っている私からは、合図がよくわからなかったのですが、僧侶がまずお経の導入を独唱すると、全員がつづきます。おお！　会場全体が声を揃えると、なかなかの迫力です。さっき受け取った『修養聖典』を開いて私も追いつくのですが、皆さんかなり慣れた方が多い様子。

祖父の法要などでも読んだ記憶のある「般若心経」になると、意味はワカラナイものの、音の響きがオモシロい。なんとなく気分がノッてきて「むーいーしきかいむーむーみょう　やくむーむーみょうじん　ないしー　むーろうしー」【＊1】ムームー言うのが楽しくなってきます。一番好きなのは、ラストの「ぎゃーてい　ぎゃーてい　はーらーぎゃーてい」【＊2】というところ。これも正直くわしいイミはワカラ

ないが、カッコイイ……そんなコトで大の大人がどうする？　いつかちゃんと勉強しようと思いながら、好きなフレーズだけちょっと大きな声で発声します。しかし足がシビれてきました。

◀ユーモア説法

マイクを持った足立大進老師の話がはじまりました。テーマは「可塑《かそ》性」。足は楽にしていいですよ、とまさに地獄に仏なお言葉をいただいて、少しずつ足をずらして座り直します。老師が使われるのは、わかりやすい言葉です。70年代に萩本欽一が一時代を築いた『欽ドン』を例え話に、「〝良い子、悪い子、ふつうの子〟のように、子どもはやわらかい粘土と同じ」と話されます。これにより、足立老師もテレビを見る（少なくとも70年代は見ていた）のだとわかりました。時々ジャブを打つように、冗談や、軽い下ネタまで織り交ぜて、会場の注意を喚起。そして、円覚寺の歴代老師のエピソードなどを織り交ぜて、修行を通してカラダで得たこと、仏教の核心は何かを話されます。〝私が生きている〟と思うのは反対で、実際は〝世の中のすべてに支えられ生かされている命〟なのだと。大切なのは、この〝本当の命〟に気づくこと。そして最後には、朝日新聞の「ひと」欄に載っていたキムタク母、木村方子さんのことばを引用されました。〝いただきます、言ってますか。命生きながらえさせていただきますという気持ちで。〟と、老師が言い終えた言葉の余韻をひきとるように、チーンと小さな鐘が脇にいた僧侶によって鳴らされて、再び読経が始ま

りました。スバらしいタイミング！　まるでどこかにボリュームをコントロールするミキサーの人がいて、老師の音をしぼりながら、鐘と読経をかぶせていったような印象です。さすがプロのお仕事だなあと、音の運びにミョーに感心。

◀坐禅ビギナーズ

「坐禅会に参加される方は残ってください」という声がかかると、ザザザーッとかなりの人が座敷を出ていかれます。日曜日のこの坐禅会は、説法は必須だけれど、坐禅は自由参加なので、説法だけのために来られた方が多かったのですね。みるみる座敷の畳が見えてきます。年齢層はグッと下がり、七十代くらいの人もいるけれど、三十代らしき人も多く、見たところ平均四十五歳くらい。ヨガをやっていそうな服装の女性など、今までドコにいたの？　という人たちが現れます。

とりあえず立ってみたもののどうしたらヨイのか？　と周りを見ていると、皆さん小さな四角い座布団と、グー二個分くらいの小さな枕型座布団を入口の方へ取りに行って、自分の場所を決めているので、真似します。下に四角い小座布団を敷き、その上に小枕型座布団を置いてその上に腰を乗せるようにして、とりあえず体育座りのカッコウで指示を待ちます。二列ごと向かい合い、通路を僧侶が通れるようにするようです。

やがて担当と思しき一人の僧侶が入ってこられ（推定年齢三十八歳）「靴下は脱いで」

と声がかかります。しまった……靴下の下からは、ミュール用にまだ残していた、季節遅れのブルーのペディキュア爪が現れました。おはずかしい。座り方の説明があり、「本来長く座って一番楽なのが坐禅の姿勢」で「両足の〝ケッカフザ〟がムズかしい場合は〝ハンカフザ〟でもいいですよ」[*3]とのこと。聞いたことのある言葉だったので、たぶん足をモモの上に乗せることだろうと周りも見ながらやってみると、両足はできないけれど、片足なら乗りました。長い間このカタチを保ったことはないけれど、どうなるかやってみよう。「でも、あぐらでも、膝など悪ければ椅子でも」とのこと。初心者にはあまりカタチで厳しくしないようです。「では印を結びましょう。右手のひらの上に左手を重ね、親指を軽く合わせます[*4]」「腰は立てます。ヘソの下を少し前に出す感じで頭から一本まっすぐ棒が通っているように。視線は1メートルくらい前に落としアゴを引く。鼻から細く息をはきます。ゆっくり」僧侶のよく通る声が催眠術のように導き、言われた通りにしていきます。「では始めましょう。二十分ずつ二回です」チーン。小さな鐘と拍子木を打つ音がします。

◀はじめてのパンパンッ!

シーン。うす目でチラミをすると、僧侶が細長い板を持ってゆっくり周りはじめます。コレコレ。これでカーッツ! と言うのかな。やがて時々パンパンッ! と大きな音が響きます。これぞ坐禅です!「カーッツ」はないようです。パンパンッと受けているのは、全員ではないようです。誰が? どうしたら? とチラチラ見て

いると、希望者は僧侶が回ってきた時に手を合わせてお辞儀をし、リクエストをしている模様。どうする？　せっかくだから……でも、ウマくできないかも……。もう一度見ます。まず手を合わせ一礼。頭を下げて前屈み、両腕をカラダの前でクロスしてカラダを抱きかかえるようにしています。なるほど。隣の人がやったら、やってみよう！　あ、隣の人、やりました。ドキドキ私もやってみよう……隣の人がパンパンッ！　されている間、手を合わせて待っていると、やった、僧侶に気づいてもらえました！　一礼、前屈み……来るか？　来る？……〝パンパンッ！　パンパンッ！〟　来たー!!　右側と左側の、肩というより背中が、思っていた以上に痛いです。思っていた以上にあの板は厚いです。しかし気持ちがスカッとします。足のシビレを心配して時間が過ぎるよりも、これはイイ。周りも初心者が多いようで、中には手を挙げてしまって注意される人がいます。ハイ、手を挙げるその気持ち私もわかります、と言ってあげたい。「カラダはしっかり丸めて屈めてください。足りないと危険ですから」と僧侶の指導が入ります。ふー。

◀ボン・ノーは消えねど

シーーン。誰かの携帯がブルブルいうのが聞こえてきます。そうだ、私も携帯をマナーにしたんだ、電源を切っておけばよかったと気づきます。ブルブルいったらどうしよう、と思い始めると、さっきのありがたい説法のことも考えられなくなってきます。そういえば、姿勢の指導はあったけれど、坐禅の間、何を考えてはイケ

ナイとか、何を目指してといった指導はありませんでした。グウ〜……誰かのお腹が鳴ります。チーン。鐘が鳴り、全員で合掌＆一礼。休憩に入ります。

足を崩してみると、小枕型座布団のおかげで足首にあまり体重がかかっておらず、案外大丈夫でした。ヨカッタ。でも下にした左足はやっぱり少し痛い。「坐禅には一番いい季節ですね」と僧侶の声。たしかに外はお日様の光がサンサンと当たり、部屋の中は涼しくて気持ちがいい。でも寒がりの私には、ちょっと肌寒く感じます。

「はい、では始めます」と、二本目がスタート。足は組み替えて右足を下にします。またチラリと見ていると、一回目パンパンッ！　を受けた人で、今回もリクエストする人はあまりいません。さっきタイミングが合わなかったような人がリクエストいしているようです。僧侶によると「本来の修行では、巡っている僧侶が判断してケイサク【＊5】を与えます」姿勢が歪んでいたり、印が離れていたりする時のようです。初心者向けなので、今はリクエスト方式です。また、「ケイサクが肩にある時【＊6】は、リクエストいただいてよいのですが、下にしている時は急いでいるので、リクエストしないで」とのこと。それから打たれる時は「肩甲骨が出ないように」「この方は慣れているのか？　体格はどうか？　など見て」パンパンッ！　の強度は調節されているそうです。だんだんリラックスしてきて、呼吸も落ち着いてきました。宮本武蔵のように、オノレが円になったような気がします〜なんて。チーンチーンチーン。合掌、一礼、終わり。足がもちました！

◀**おしまい**

僧侶は、フランクで気さくな話し方。あまりコウシナケレバ・イケナイ、という指示・指導はなく、いわゆるお説教クサさ、宗教クサさのないところが円覚寺らしさなのかもしれません。来る者は拒まずという自由な雰囲気は、リラックスできます。終了とともに、どこからかホウキや雑巾を取ってきて、テキパキお掃除を始める人もいます。もう何度も来ている達人と思われます。初心者風キョロキョロ人たちは、退出していきます。では、私も。お疲れさまでした！ と心の中で言い、時間を見ると十一時を少し回っています。太陽はだいぶ高くなり、空は真っ青。境内にはたくさんの参拝客があり、どこからかキンモクセイの香りがします。小腹がすいていることに気づいて、山門を出て向かい側の店に入り、「あがり羊羹」【＊7】を買って帰りました。ムーの境地【＊8】へは、まだまだまだまだ。


【＊1】「無意識界　無無明　亦無無明尽　乃至　無老死」

【＊2】「羯諦　羯諦　波羅羯諦」

【＊3】結跏趺坐、半跏趺坐。

【＊4】「法界定印」という印のカタチ。

【＊5】「警策」＝警覚策励（けいかくさくれい）の略。坐禅中の修行者の、姿勢や印の乱れ、心のゆるみなどを戒め、策励（むちうち励ます）するために、文殊菩薩に代わって打つものといわれている。臨済宗ではケイサク、曹洞宗ではキョウサクと読む。

【＊6】臨済宗方式。「ケイサク」を右肩に乗せて巡る。曹洞宗方式は、「キョウサク」を中央に立てて巡る。

【＊7】「松花堂」の看板商品。蒸し羊羹と練り羊羹の間くらいのやわらかさで、尾張徳川家への献上品「あがり」の意味からこの名前。

【＊8】何かに心を集中させるのが「瞑想」であるのに対し、坐禅では何のイメージにも囚われず、無の境地に至ることで、あるがままの自分と世界（本来人間が一人一人持っている仏性＝我に在る菩薩）を感じること（自覚）を目指す。

イケナイことが許される日

子どもの時からお正月の季節が楽しみでした。それは、いつもなら「イケナイこと」が許されるから。親戚と温泉旅館に泊まっていた数年間は、いとこたちとコタツでみかんを食べながら「紅白歌合戦」を見る……という典型的な構図で、10時……11時……と時計が回っても大人たちの誰からも「寝なさい！」と言われない。毎日8時～9時に寝ていた小学校低学年生にとっては「普段起きていてはイケナイ、大人の時間」。眠たくたって「眠い」なんて絶対に言いません。ようやく最後の「蛍の光」の合唱が終わり、「ゆく年くる年」の除夜の鐘が『ゴーン』と聞こえてくると、夢から現実に引き戻されるようにお開きとなり、冷たい布団に滑り込みました。

大人になってから、ある年の大晦日は、友だちと夜遅く深大寺へ年越しそばを食べに出かけて、初詣をすることになりました。闇夜に焚かれた護摩の火が赤々と燃えあがり、大勢の僧侶によって繰り返される読経。わんわんと響き渡る声が炎柱とともに暗い空に上っていく光景は、くらくらするほどカッコよく、夜中だというのにお蕎麦屋さんはどこも大勢の参拝客で賑わって活気がいっぱい。すべてが、いつもと違うスペシャルな空気に包まれていました。夜中に煌煌と明かりを照らしてうるさくするのも、その周りをうろうろするのも、いつもなら「やめなさい」と言われるようなイケナイことだったはず。

鶴岡八幡宮も、三十一日の深夜からお参りの人がどんどん集まってきます。深夜0時の年明けが近づくに従って、参道の中心路「段葛」に長い列ができて埋め尽くす人人人。桜並木に沿って灯された提灯の間をゆっくり同じ方向へ、河のように人が流れていく様は、ちょっと異様な迫力です。深夜の熱気。車両規制が行われて車は一台も入ってこないので、エンジン音も音楽も聞こえない、低いどよめきが辺り一帯から湧いてきます。

しばらくは昼間も車両規制はつづくので、いつもなら歩いてはイケナイ車道の上を大勢の人が独占します。若宮大路はこんなに広い通りだったかとあらためて思うほど、参拝を終えた人がワラワラと見渡す限り広がって歩いていく光景は、何回見てもやっぱり不思議。「ここはどこ?」まるでクーデターによって自由を手に入れたばかりの見知らぬ街にいるような気がします。

鶴岡八幡宮をとりまく空気全体が、非日常の世界に変わるお正月。それは、神社というものがもともと日常と非日常、この世とあの世、それから人間と神さまの世界を結ぶ場所であることを思い出させてくれます。お祭りの時に神さまがお神輿に乗って日常世界に出てくるような開放感とは反対に、冬の寒さも手伝って内省的で緊張感のある初詣。お正月は、人間の方から神さまの世界に近づいて、ちょっぴり入ることのできる時なのかもしれません。

おわりに

　この文章をそろそろ書こうという時に、まったく別の作業がちょっと大変になってきたのですが、その時一緒にやっていた一人が「生まれ変わっても、人間にはなりたくない」とボヤき、もう一人が「神さまが私たちを見ていてくれたら、ごほうびに、将来ボケる期間を減らしてくれないかしら」とつぶやきました。ひそかに私は感動し、仏教思想と神道的発想は、このように自然に私たちのカラダにしみ込んでいて、追いつめられた時に思い浮かぶものなのかと感じ入りました。

　昭和ヒトケタ生まれの父にも、神社の話を聞きました。小学生時代に毎秋楽しみにしていた近所の八幡神社の例祭のこと。その日は地域の小学校はお休みになり、祭囃子や太鼓の音にひかれて神社に向かいます。セルロイドの小さな船に樟脳をつけるとスイスイ水の上を走る姿や、天秤のような針が廻り止まったところの品物がもらえる屋台をのぞいたり、おかめやヒョットコの面を付けて舞うお神楽 etc. 今でも町のあちこちで笛や太鼓の音がする祭りの時期になると、その情景を思い出すそうです。小学六年生になると、修学旅行は伊勢神宮・橿原《かしはら》神宮・平安神宮へ。やがて戦争が激しくなり、昔の市電や都電が明治神宮前を通過する時には、乗客全員が車内案内にしたがって、一斉に立って礼拝をするという、今では考えられない光景がありました。

私は七五三のお詣りの時に、お神酒の代わりにハチミツ水をいただいてカンゲキ。その美味しさからすっかり神社には愉しいイメージばかりを抱いてきました。父と私では、神社の思い出がちがうように、神社やお寺の体験は、ひとりひとり異なるもの。でも日本に住んでいたら、だれもがきっと無縁ではいられない場所です。まだまだ知らないことがいっぱいで、私はようやく、神社やお寺歩きのスタートラインに立ったばかりです。

鎌倉に住む鎌倉人としては、まだ日が浅いので、言ってみればジモティーとギャラリー（観光客）のハーフのような感覚です。そんな両方の視点をたのしみながら、これからも鎌倉を歩き回り、神社やお寺の世界をのぞいていこうと思います。

最後になりましたが、繊細でしかもパワフルなデザインをしてくださった関さんに松村さん、バンザイと叫びたくなるようなイラストを描いてくださった上路さん、いつも根気強く話を聞いてくださり、パンパンと鯉を泳がすように方向を定めながらダイソン十台以上の吸引力でパワーを引き出してくださった編集の田中さんには、感謝しきれません。協力してくれた家族と、エネルギーの源泉の友だち、かつてお世話になった先輩方、鬼籍に入ってしまった祖父母や友だちにも、あらためて、ありがとうを言いたいです。完成して、さみしいくらい、たのしいたのしい本作りでした。

〈参考資料〉

『日本の歴史六　京・鎌倉ふたつの王権』本郷恵子著（小学館）
『日本その心とかたち2　神々と仏の出会い』加藤周一、NHK取材班著（平凡社）
『仏像の見方ハンドブック』石井亜矢子著（池田書店）
『仏像のひみつ』山本勉著（朝日出版社）
『かまくら子ども風土記』鎌倉市教育センター編（鎌倉市教育委員会）
『長谷寺の歴史と信仰』服部清道著（鎌倉長谷寺）
『日本の食文化大系18　饅頭博物誌』松崎寛雄著（東京書房社）
『御鎮座八百年記念　鶴岡八幡宮』鶴岡八幡宮編（鶴岡八幡宮）
『永井路子の私のかまくら道　鎌倉の歴史と陰』永井路子著（かまくら春秋社）
『日本史リブレット21　武家の古都、鎌倉』高橋慎一朗著（山川出版社）
『夢窓疎石　日本庭園を極めた禅僧』枡野俊明著（日本放送出版協会）
『An English Guide to Kamakura's Temples & Shrines』Kenji Kamino, Heather Willson（緑風出版）
『週刊原寸大日本の仏像19　高徳院　鎌倉大仏と鎌倉の古仏』（講談社）
『現代語訳吾妻鏡1～7』五味文彦、本郷和人編（吉川弘文館）
『吾妻鏡　上／中／下（マンガ日本の古典14、15、16）』竹宮恵子著（中公文庫）
『季刊悠久　第116号』特集「狛犬」（鶴岡八幡宮発行）
『ベラボーな生活　禅道場の「非常識」な日々』玄侑宗久（朝日文庫）
『甦る幕末　ライデン大学写真コレクションより』後藤和雄、松本逸也編（朝日新聞社）
『日本印象記』ラフカディオ・ハーン著　田代三千稔訳（南雲堂）
『文藝春秋SPECIAL 2009年季刊秋号　賢者は歴史から学ぶ　古代～明治編』（文藝春秋）
『日本ひらがな仏教史　仏と人の心がわかる』大角修著（角川書店）
『神と仏の出逢う国』鎌田東二著（角川学芸出版）
『日本美術観光団』赤瀬川原平、山下裕二著（朝日新聞社）
『京都、オトナの修学旅行』赤瀬川原平、山下裕二著（淡交社）
『日本美術応援団』赤瀬川原平、山下裕二著（日経BP社）
『モンガイカンの美術館』南伸坊著（情報センター出版局）
『アースダイバー』中沢新一著（講談社）
『仏心講話集　もう死んでもいいのですか、ありがとう』足立大進著（春秋社）
『即今只今』足立大進著（海竜社）
『神社・寺院まるわかり［ガイドブック］』修成学園出版局編（修成学園出版局）
『ダンゴの丸かじり』東海林さだお著（朝日新聞社）
『見仏記』いとうせいこう、みうらじゅん著（角川文庫）
『常識として知っておきたい日本のしきたり』丹野顯著（PHP文庫）
『この国のかたち　全六巻』司馬遼太郎著（文藝春秋）
『鎌倉大仏の謎』塩澤寛樹著（吉川弘文館）
『読んで分かる中世鎌倉年表』樋口州男、錦昭江監修（かまくら春秋社）
『別冊太陽　和菓子風土記』鈴木晋一、亀井千歩子ほか著（平凡社）
『別冊太陽　和菓子歳時記』平凡社編（平凡社）
『鎌倉の神社小事典』吉田茂穂監修（かまくら春秋社）
『鎌倉の寺小事典』（かまくら春秋社）

神社とお寺はたのしい

２０１０年７月26日　初版第１刷　発行

著　者　中尾京子
発行人　前田哲次
編集人　谷口博文
発行所　アノニマ・スタジオ
〒１１１－００５１東京都台東区蔵前２－14－14
ＴＥＬ　０３－６６９９－１０６４
ＦＡＸ　０３－６６９９－１０７０
http://www.anonima-studio.com
発売元　ＫＴＣ中央出版
〒１１１－００５１東京都台東区蔵前２－14－14
印刷・製本　株式会社廣済堂

文と写真　中尾京子
イラストレーション　上路ナオ子
アートディレクション　関宙明（ミスター・ユニバース）
デザイン　松村有里子（ミスター・ユニバース）
編集　田中正紘（アノニマ・スタジオ）

ISBN978-4-87758-695-9 C0095

アノニマ・スタジオは、

風や光のささやきに耳をすまし、
暮らしの中の小さな発見を大切にひろい集め、
日々ささやかなよろこびを見つける人と一緒に
本をつくってゆくスタジオです。
遠くに住む友人から届いた手紙のように、
何度も手にとって読みかえしたくなる本、
その本があるだけで、
自分の部屋があたたかく輝いて思えるような本を。